虚拟商业社会（VBSE）全岗综合实训

杨艳茹　主编

江西科学技术出版社

图书在版编目（CIP）数据

虚拟商业社会（VBSE）全岗综合实训 / 杨艳茹主编. -- 南昌：江西科学技术出版社，2024.6
职业院校教材
ISBN 978-7-5390-9049-8

Ⅰ.①虚… Ⅱ.①杨… Ⅲ.①企业经营管理－应用软件－职业教育－教材 Ⅳ.①F272.7-39

中国国家版本馆 CIP 数据核字(2024)第 103935 号

国际互联网（Internet）地址：
http://www.jxkjcbs.com
选题序号：ZK2024026

虚拟商业社会（VBSE）全岗综合实训　　杨艳茹　主编
XUNI SHANGYE SHEHUI（VBSE）QUANGANG ZONGHE SHIXUN

出版发行	江西科学技术出版社
社址	南昌市蓼洲街 2 号附 1 号
	邮编：330009　电话：（0791）86624275　86610326（传真）
印刷	济南文达印务有限公司
经销	各地新华书店
开本	710mm×1000mm　1/16
字数	203 千字
印张	13.75
版次	2025 年 3 月第 1 版
印次	2025 年 3 月第 1 次印刷
书号	ISBN 978-7-5390-9049-8
定价	58.00 元

赣版权登字-03-2024-104
版权所有，侵权必究
（如发现图书质量问题，可联系调换。）

《虚拟商业社会(VBSE)全岗综合实训》编委会

主　编：

　　杨艳茹　龙江县职业教育中心学校

副主编：

　　姜赛男　龙江县职业教育中心学校

　　赵红波　龙江县职业教育中心学校

　　陈　晨　龙江县职业教育中心学校

　　韩思雨　龙江县职业教育中心学校

　　段旭梅　新道科技股份有限公司

　　关晓蕾　新道科技股份有限公司

前　言

在当今数字化浪潮中，教学方式的变革已成为大势所趋。信息技术的发展使得教育面临着前所未有的机遇和挑战。虚拟商业社会不仅仅是一种教学手段，更是一种创新的教育理念。通过模拟真实商业环境，学员们可以在虚拟世界中进行实践探索，从而更好地理解商业运作的本质和规律。这种基于虚拟平台的全岗综合实训不仅拓展了学员的知识视野，更激发了他们的学习热情和创造力。

虚拟商业社会教育主要通过模拟真实商业环境，为学员创造一个充满挑战和机遇的学习场景。在这个虚拟场景中，学员将不仅仅是知识的获取者，更是实践的参与者。本教材旨在引导教育者构建涵盖市场营销、人力资源、财务管理等多个岗位的虚拟商业社会平台，使学员能够深入体验各个岗位的运作机制。通过这样的实训方式，学员将在学到理论知识的同时，在实践中培养解决问题的能力、团队协作的精神以及适应变化的灵活性。

在虚拟商业社会的实践中，学生们将不再局限于课堂上的抽象理论，而是能够将所学知识真正应用于实际情境之中。他们将学会如何制定市场营销策略以吸引客户，如何优化人力资源管理以提高团队效率，如何进行财务规划与分析以支持业务发展。本教材不仅仅是一本理论性的学科书籍，更是一份具有实践指导性的工具，帮助学生建立实用的技能和战略思维，以适应真实商业社会的不断变化。

由于编者水平有限，若有不妥之处恳请广大专家读者批评指正，以便本教材的后续改进与完善。

虚拟商业社会（VBSE）全岗综合实训教材目录见如下资源。

目　录

项目一　探索虚拟商业社会环境训练平台 1
　　任务一　了解虚拟商业社会环境 1
　　任务二　了解岗位职责 6

项目二　组建团队 31
　　任务一　CEO 竞选演讲 33
　　任务二　现场招聘组建团队 34
　　任务三　组织内部会议 37
　　任务四　公司注册 40

项目三　期初建账 56
　　任务一　读懂期初数据 57
　　任务二　期初建账 97
　　任务三　编制预算计划 100

项目四　供应商——虚拟供应商购销业务 107
　　任务一　签订采购订单（供应商、虚拟供应商） 107
　　任务二　采购入库（供应商） 112
　　任务三　支付货款（供应商） 117

项目五　制造企业——供应商购销业务 121
　　任务一　编制采购合同草案（制造企业） 121
　　任务二　签订采购合同（制造企业供应商） 125
　　任务三　录入材料采购订单（制造企业） 128
　　任务四　确认材料采购订单（供应商） 131
　　任务五　销售发货（供应商） 132
　　任务六　采购入库（制造企业） 137
　　任务七　材料款支付（制造企业） 141
　　任务八　货款回收（供应商） 144

项目六　制造企业——客户购销业务 ... 148
任务一　客户谈判（制造企业客户）... 148
任务二　签订销售合同（制造企业客户）... 151
任务三　录入产品销售订单（制造企业）... 154
任务四　确认产品销售订单（客户）... 156
任务五　童车发货（制造企业）... 157
任务六　采购入库（客户）... 161
任务七　支付货款（客户）... 165
任务八　货款回收（客户）... 168

项目七　企业日常经营业务处理 ... 172
任务一　处理人力资源部门日常经营业务 ... 172
任务二　处理行政管理部门日常经营业务 ... 178
任务三　处理生产计划部门日常经营业务 ... 179
任务四　处理财务部门日常经营业务 ... 182

项目八　企业运营绩效评价 ... 193
任务一　杜邦财务分析 ... 193
任务二　平衡记分卡绩效考核 ... 203

项目一　探索虚拟商业社会环境训练平台

【知识目标】

掌握虚拟商业社会环境实训的基本概念、特点和运作模式,学习其中的营销手段和推广策略。

【能力目标】

熟练掌握企业的岗位设置及岗位职责。

任务一　了解虚拟商业社会环境

【导读案例】

某局机关因工作需求调整,为优化行政资源配置,特新设一行政处。根据组织安排,原办公室副主任李某荣升处长,同时,原办公室的8位后勤服务人员一并划转至新成立的行政处。李某上任后,积极拓展人才资源,经多方物色,成功引进5位优秀工作人员,进一步充实了行政处的人才队伍。至此,行政处全体成员共计14人,共同致力于行政工作的有效开展。

李处长年富力强、精力旺盛,虽然仅38岁,但其领导才能已然崭露头角。在未配备副手的情况下,他仍能凭借卓越的领导力,引领其他13名工作人员有序开展各项工作。起初,工作开展得颇为顺利,但随着时间的推移,问题逐渐显现。由于处内大小事务均需李处长亲自决策、协调和监督,长时间的高强度工作压力逐渐显现,使得他在应对繁杂的事务时稍显力不从心。一旦某项工作照顾不到,便可能引发不必要的矛盾和冲突。行政处内部开始出现不和谐声音,与其他处室的协调也出现了一些问题。

在当前的情境下，经过局领导深思熟虑，决定对行政处的领导层进行调整。因此，李某将调离原岗位，由局办公室的副主任王某接任行政处处长一职。王某上任后，首先构建了行政处的内部组织架构，具体设置四个二级机构：办公室、行政一科、行政二科和行政三科。

其次，为了确保行政处的高效运作，王某着重在选人和用人方面下功夫。他从局办公室选调了两名主任科员担任行政处的副处长，并在业务处选调了三名副主任科员分别担任行政一、二、三科的科长。剩余的科长、副科长则从原有的13名工作人员中选拔产生。王某采取上述措施，旨在改变行政处原有的沉闷氛围，进一步激发大家的工作热情，提升行政处的工作效率。

在这样一个情境下，一个拥有19名员工的行政处在3位正副处长和8位正副科长的领导下，本应焕发新的活力并提高工作效率。然而，出乎意料的是，行政处的整体表现并未得到改善，反而陷入了更为混乱的局面。

部分下属反映，王某在工作中经常越权进行不恰当的指挥，导致他们的工作难以正常开展；另一些人则表示，王某过于干预下属的工作，甚至与科长之间产生了不必要的权力争夺；还有员工指出，行政处存在"官多兵少"的现象，导致真正干事的人严重不足。

在短短不到半年的时间里，行政处内部矛盾不断激化，人际关系愈发紧张，员工士气普遍低落。王处长原本带来的人员也纷纷提出调回原处室的请求。面对这一困境，王某不得不选择辞职。他对此深感困惑：自己明明怀有高昂的工作热情，为何却无法有效地领导行政处的工作呢？

【思考】李某和王某在项目中的失败，其核心原因究竟为何？又该如何针对性地进行改进，以避免重蹈覆辙？

一、虚拟商业社会环境概念

虚拟商业社会环境（Virtual Business Society Environment，VBSE）是一种创新的学习方法，通过在学校建立虚拟仿真商业社会，让学生在其中扮演不同商业角色，与实际业务相接轨。这个虚拟环境包括市场、商务、政务和公共服务领域，模拟真实组织机构，使学生能够在虚拟的实验环境中完成与现实岗位相符的工作内容。在这个过程中，学生将面对真实的管理流程、业务单据和相关规则，从而全面锻炼创新能力。

二、虚拟商业社会环境结构

虚拟商业社会环境的设计理念旨在将企业的经营活动引入校园，使学生在校内模拟商业项目的运营过程中接受训练。这一环境以制造业为核心，以制造业的发展流程和工作流程为基础，构建了一个全面的商业社会环境。项目从制造企业的工商注册开始，逐步涉及工商税务登记、银行账户开立、注册会计师验资审核等业务，形成了包括工商局、税务局、银行和注册会计师事务所等多个机构在内的商业社会环境。

在这个虚拟商业社会中，企业的正常运转需要进行多方面的业务设置。从建立供应商关系到招聘员工、雇佣生产工人，再到核算工资等，都需要涉及人力资源和社会保障局。同时，企业生产完成后，销售组织需要与下游客户企业进行协作。最终，企业在期末需要核算经营成果并上缴所得税，这涉及税务局和注册会计师事务所等组织机构。

通过模拟制造企业的运营活动，虚拟商业社会环境成功整合了供应、生产、销售等关键业务，形成了一个立体、网络化的商业社会。其中核心是制造企业，周边则包括上游供应商、下游客户，以及各类服务机构，如工商局、税务局、银行、注册会计师事务所、人力资源和社会保障局等，共同构建了一个丰富而全面的社会资源机构。

三、虚拟商业社会环境跨专业实训的特点

传统高等教育以专业方向为基础，注重培养专业人才，但在虚拟商业社会环境项目中，制造企业为实现最大价值，必须设计高效的生产过程，这需要全局观念和协同发展。管理作业成为关键，涉及对人力、财力和物力的计划和控制，强调了资源的有效利用和全局的战略规划。

虚拟商业社会环境的跨专业实训采用手工管理方式，鼓励经济管理类专

业的学生参与企业业务。涵盖财务管理、会计、营销、国际贸易、物流管理、人力资源管理等专业学生,通过协同工作完成项目,全面认识企业经营管理。此模式不仅强化了学生的专业能力,更培养了全局观念和管理意识,使其成为全面素质的管理人才,具备"懂业务会管理"的能力。

虚拟商业社会环境的培养路径涵盖操作、逻辑、理论、应用、创新五个层级,为学生提供了多维度的培养经验。学生通过填报单据熟悉业务操作,了解操作逻辑和其对业务的影响,进而深入理解业务流程和管理理论。应用层级要求学生在实践中综合管理知识,为业务提出优化建议。而创新层级则强调通过理论创新解决实际问题,从而提升企业价值和学生的创新能力。

四、创新思维设计与创新能力训练实训案例介绍

该实训案例以童车生产行业为实践背景,深度涵盖了6家童车制造企业的采购、生产、销售等全方位运营活动,贯穿了企业前期组建、投入生产、人员招聘培训管理,以及后续工商税务年检等多个业务领域。

(一)童车制造企业

在虚拟仿真社会环境中,六家童车制造企业展开竞争,呈现出相同的组织结构。这六家企业共设有七个部门,包括企业管理、营销、生产计划、仓储、采购、人力资源和财务等,共计18个岗位。每个部门及岗位都扮演关键角色,共同构建了一个全面而紧密的童车制造企业运营模型。

(二)上游供应商企业

上游供应商企业共两家,两家材料供应商企业在结构上完全相同,每家企业都设置了总经理、行政主管和业务主管三个核心岗位。通过兼并不同职能,例如总经理兼财务部经理和税务会计,行政主管兼仓储部经理、人力资源部经理等,企业能够在较小的团队中高效运作。总经理负责全面领导和管理,行政主管负责日常行政事务和仓储管理,而业务主管则承担采购、营销和销售等核心业务。

（三）下游客户

下游客户企业虽然属于商品沟通领域，没有生产环节，但其岗位设置与制造企业相似。每家企业都设有总经理、行政主管和业务主管三个核心岗位，并通过兼并不同职能的方式提高运营效率。总经理兼财务部经理和税务会计，行政主管兼仓储部经理、人力资源部经理等，业务主管兼采购、营销和销售等职责，使得企业在较小的团队中完成了全面的管理和运营工作。

（四）社会资源人员设置

在商业社会环境中，社会资源部门扮演着关键角色。为了确保学生能够成功完成实训项目，设置了四个关键岗位，分别涉及工商、税务、银行以及人力资源和社会保障局。

了解虚拟商业社会环境相关视频讲解见资源1-1。

资源1-1

任务二　了解岗位职责

【导读案例】

　　王某，原为北京平谷地区的一位普通农民，然而他家所传承的一种祖传手艺——王氏年糕，使得他在当地享有盛誉。据记载，清朝道光年间，王某的祖辈便创制了这款美食，并因其卓越的品质而广受赞誉。自此，王家历代在村口开设了一家专卖此种年糕的小饭馆，传承着这份宝贵的家族技艺。

　　中华人民共和国成立初期，王某的父亲仍经营着这家祖传的小饭馆。年幼的王某时常在店前店后忙碌，逐渐掌握了这份独特的技艺。然而，由于王某家庭遭遇变故，父亲去世，小饭馆也因此关闭。王某成为一名普通的公社社员，而他的绝技似乎也渐渐被人遗忘。

　　在20世纪80年代改革开放的大背景下，王某顺应时代潮流，创办了"王家饭馆"。他制作年糕的手艺，丝毫不逊色于其先祖。由于业务蓬勃发展，他开始向周边村落拓展，并逐步将分店开到了县城核心地带。1987年，经过深思熟虑，他在本村创建了利平年糕厂，开始生产"老饕"牌的袋装和罐装年糕系列食品。凭借其独特的风味与优质的产品质量，该品牌迅速在市场上获得广泛认可。其所生产的年糕不仅在本县热销，更在北京市场赢得了广大消费者的青睐，呈现供不应求的局面。如今，王某已成功管理着拥有100多名员工的年糕厂，以及多家以"王氏年糕"为主打的王家饭馆和小食品店，成为地方特色产业的佼佼者。

　　王某在经营策略上独具匠心。他坚定地主张保持产品的独特风格和优越品质，若小食品店的业务水平未达到规定标准，职工的技能培训未能满足要求，则宁愿延缓开设新店。王某强调产品质量是企业的生命线，宁愿步伐稳健，也绝不会冒险损害产品质量，以免品牌形象受损。

　　王某年糕厂现有质量检验科、生产科、销售科、设备维修科、财会科以及开发科等主要部门，各部门职责明确，协同工作。该厂产品种类相对单一，主要服务于长期合作的客户群体。在产品质量方面，厂里质检科对所有原料进行严格检测，确保选用优质原料，并按照相关标准对每批产品进行抽检，化验各项指标，如成分、甜度、酸碱度等，尤其重视产品的口味。为保证产品口味符合标准，厂里高薪聘请了经验丰富的品尝师，专门负责品尝本厂生产的美食，确保产品口味与标准微小偏差。王某年糕厂始终致力于维护其产品的良好形象。

近期，王某的表哥周某回乡探亲。他曾在县城中学求学，并于20世纪80年代初毅然南下深圳打拼。鉴于他聪明能干、文化修养深厚且敢于冒险，他在商海搏击十余载，从饲养两头奶牛起家，现今已成为身价千万元的企业家。

周某此次探访其表弟王某，对年糕厂的发展赞不绝口，并表示有意投资入股。然而，他指出王某过于保守，在经营上过于谨慎，不敢大胆开拓。周某认为，既然品牌已经树立，就不应拘泥于原有标准，而应积极扩充产品种类与产量，大力拓展北京市内市场，甚至进军北京以外的区域。

周某进一步指出，厂内现有的职能型结构过于僵化，不利于适应变化与发展。各职能部门仅关注自身领域，缺乏全局观念和长远眼光，彼此间的沟通与协调亦存在障碍。因此，他建议王某彻底改革厂内组织架构，按照不同产品系列划分部门，以更好地适应市场发展的新形势。

然而，王某对周某的建议置若罔闻，坚称在基本原则问题上绝不动摇。两人观念不合，争吵愈演愈烈。周某气愤地表示王某是"土包子""死脑筋"，不懂得把握商机。王某则不甘示弱地回应："你若有本事就去赚大财，我并不渴望发大财。损害质量和名声的事我坚决不做。你走你的阳关道，我过我的独木桥！"听到这番话，周某拂袖而去，双方不欢而散。

【思考】案例中反应哪些组织设计中的问题？发展壮大是企业的必要目标吗？请根据案例阐述自己的看法。

一、制造企业岗位职责

制造企业的组织结构一般包括多个部门，每个部门都在企业的运作中扮演着重要的角色。

（一）企业管理部

企业管理部是制造企业中的一个重要部门，负责整体的企业管理和决策。这个部门可能涵盖多个功能，包括但不限于制定企业战略、规划发展方向、监督各个部门的运作、制定管理政策和流程、解决管理层面的问题、协调资源分配等。企业管理部门通常由高层管理人员领导，他们在制定企业的长期发展目标和战略方面发挥关键作用，并负责确保整个企业运营的顺利进行，以实现企业的使命和愿景。

1.企业管理部的主要职能

（1）战略规划：制定和执行企业的长期发展战略，确保企业在竞争激烈的市场中具有竞争力。

（2）组织管理：设计和维护企业的组织结构，确保各个部门协调合作，高效运作。

（3）决策制定：提供高级管理层面的决策支持，协助制定重大决策并推动实施。

（4）政策制定：制定企业内部管理政策和流程，确保公司运作符合法规和内部规定。

（5）危机管理：处理紧急情况和危机，采取适当的措施以保护企业的利益和声誉。

（6）业务监督：对各个部门的运作进行监督，确保它们达到预期的业务目标。

（7）资源协调：协调和管理企业内部各种资源，包括人力资源、财务资源、技术资源等。

（8）绩效评估：设计和执行绩效评估体系，确保各个部门和员工的工作与企业目标一致。

（9）沟通协调：促进内部沟通和协调，确保信息在各个层级和部门之间畅通流动。

（10）风险管理：评估和管理企业可能面临的风险，制定相应的风险管理策略。

2.企业管理部的岗位职责

企业管理部的岗位设置因企业规模和业务需求而异。一般包括总经理、副总经理、总经理办公室主任、秘书、行政总监等职位,涵盖了企业管理的各个方面。然而,在中小企业中,由于规模相对较小,主要聚焦在总经理和行政助理这两个关键岗位上。

(1)总经理的岗位职责。①制定企业战略:负责制定企业的长期发展战略,确保企业目标与愿景的实现。②决策执行:在企业决策层面上做出关键决策,并确保这些决策能够有效地被执行。③领导管理团队:组建并领导管理团队,确保各个部门协调合作,共同推动企业发展。④财务管理:监督企业的财务状况,制定预算、审计和财务计划,确保企业的财务健康。⑤市场开发:负责拓展市场份额,制定销售策略,确保企业在市场上的竞争力。⑥建立企业文化:塑造和促进企业文化,确保员工对企业的愿景和价值观有清晰的认识。⑦风险管理:评估和管理企业可能面临的风险,制定相应的风险管理策略。⑧外部关系管理:与外部利益相关者(股东、客户、供应商等)保持良好关系,维护企业声誉。⑨员工发展:确保公司拥有合适的人才,支持员工的职业发展和培训。⑩危机管理:处理紧急情况和危机,采取适当的措施以保护企业的利益。

(2)行政助理的岗位职责。①文件和资料管理:负责收集、整理和管理文件、报告和其他行政资料,确保信息的有序存档。②日程安排:协助总经理或高层管理人员安排日程、会议和约会,确保工作计划的高效执行。③会议组织:协助组织、策划和准备会议,包括会议室预订、资料准备和会议记录。④沟通协调:作为总经理和其他部门之间的联络人,处理日常沟通,确保信息畅通。⑤出差安排:协助安排和组织高层管理人员的出差,包括行程、交通和住宿。⑥办公室设备维护:确保办公设备的正常运作,协调办公用品的采购和维护。⑦接待访客:负责接待访客,提供必要的信息和协助,维护企业形象。⑧协助人事事务:支持人力资源部门的工作,包括招聘、培训和员工福利等。⑨财务支持:协助财务部门处理一些基本的财务事务,如报销、账单支付等。⑩保密工作:负责保守和处理机密信息,确保企业信息的安全性。⑪问题解决:处理一些日常行政事务,解决员工的问题和需求。

(二)营销部

营销部是企业中一个至关重要的部门,其主要职责是推动产品或服务的销售,并确保企业在市场中取得竞争优势。

1.营销部的主要职能

(1)市场调研与分析:进行市场研究,收集有关目标市场、竞争对手和潜在客户的信息,为制定有效的营销策略提供数据支持。

(2)制定营销战略:基于市场调研结果,制定全面的营销战略,包括产品定位、目标市场选择、定价策略、推广策略等。

(3)产品推广与品牌建设:负责推广企业的产品或服务,建设和维护企业品牌形象,提高品牌在市场中的知名度和认可度。

(4)销售渠道管理:管理和优化销售渠道,确保产品能够迅速、有效地流通到目标市场。

(5)客户关系管理:建立和维护客户关系,提供优质的售前和售后服务,促进客户满意度和忠诚度。

(6)广告和促销活动:策划和执行广告、促销和市场推广活动,以吸引目标客户并促进销售增长。

(7)数字营销:利用互联网和数字渠道进行在线市场推广,包括社交媒体营销、搜索引擎优化等。

(8)销售分析与报告:对销售数据进行分析,定期生成销售报告,评估营销活动效果,并提出改进建议。

(9)协调与沟通:与其他部门紧密合作,确保各项营销活动与企业整体战略一致,保持内外部沟通的畅通。

(10)市场趋势监测:持续关注市场趋势和竞争动态,及时调整营销策略以适应市场变化。

2.营销部的岗位职责

在企业运营中,营销部门是关键的推动力,根据公司的业务需求和组织架构,通常设置了三个核心岗位,即营销经理、市场专员和销售专员。这三个岗位各自承担着独特的职责,紧密协作以推动公司的市场推广和销售工作。

（1）营销部经理的岗位职责：①制定营销策略和计划：营销部经理负责制定全面的市场营销策略，以满足公司的业务目标。他们需要深入了解市场趋势、客户需求和竞争对手，从而制定有效的推广计划。②团队管理和领导：营销部经理负责领导和管理整个营销团队。这包括培训和激励团队成员，确保团队具备必要的技能和资源，以顺利执行制定的营销策略。③预算规划和监控：营销部经理负责管理营销预算，确保在预算范围内实现最大的市场推广效益。他们需要监控支出，并对营销活动的投资回报率（Return on Investment，ROI）进行评估，以优化资源分配。④与其他部门的协调合作：营销部经理需要与其他部门协调合作，特别是与销售、产品开发和运营团队进行有效沟通，确保整个公司在市场上的表现一致且协调。⑤市场分析和趋势研究：营销部经理负责进行市场分析和趋势研究，以及时调整营销策略。他们需要关注行业动态，了解消费者行为，并作出相应的决策，以确保公司保持竞争力。⑥品牌管理：营销部经理负责公司品牌的塑造和管理。他们需要确保品牌形象与公司的核心价值和市场位置相一致，通过品牌建设提升公司在客户心目中的价值。⑦与客户关系管理：营销部经理需要与客户建立良好的关系，了解客户需求并确保公司的产品或服务能够满足这些需求。积极参与客户反馈，促进客户满意度和忠诚度的提升。

（2）市场专员的岗位职责：①执行市场推广计划：市场专员负责执行由营销部门制定的市场推广计划，包括广告、促销活动、公关活动等。他们需确保活动的顺利进行，以提高公司在目标市场的知名度和认可度。②市场调研和分析：进行市场调研，收集并分析与产品或服务相关的市场信息。市场专员需要了解目标客户的需求、竞争对手的动态以及行业趋势，为制定和调整市场策略提供有力支持。③制定推广材料：负责制作推广材料，包括宣传册、广告文案、数字媒体内容等。市场专员需要确保这些材料符合品牌形象，能够有效传达产品或服务的价值和特点。④社交媒体管理：在数字营销方面，市场专员通常负责管理和更新公司的社交媒体平台。他们需要定期发布内容，与受众互动，提高社交媒体的影响力和品牌声誉。⑤活动策划和执行：策划并组织各类市场活动，如产品发布会、展会或线上活动。市场专员需要确保活动的流程顺畅，吸引目标受众参与，并达到宣传推广的效果。⑥客户沟通：

与客户建立联系，回应他们的疑问并提供支持。市场专员需要与客户保持良好的沟通，了解他们的反馈和需求，为公司产品或服务的改进提供有益建议。⑦市场效果评估：负责监测市场推广活动的效果，并进行数据分析。市场专员需要评估活动的 ROI，以确定哪些策略是有效的，为未来的决策提供依据。⑧协同合作：与销售团队、产品开发团队等其他部门密切合作，确保市场活动与整体业务目标保持一致，共同推动公司的发展。

（3）销售专员的岗位职责：①客户拓展和维护：主动寻找潜在客户，建立并维护与现有客户的关系。销售专员需要了解客户需求，提供解决方案，并通过专业的服务建立客户的信任和忠诚度。②销售目标达成：制定个人和团队的销售目标，并通过积极的销售活动和客户拜访来实现这些目标。销售专员需要有效地管理销售流程，从潜在客户转化为实际销售。③销售谈判：进行销售谈判，与客户协商合同条件、价格和交付条款。销售专员需要具备良好的沟通和谈判技巧，以满足客户的需求同时确保公司的利益。④市场信息反馈：收集并及时反馈市场信息，包括竞争对手的动态、客户的需求变化等。销售专员需要将这些信息分享给团队，以便制定更有效的销售策略。⑤销售报告：定期提交销售报告，汇报销售活动、达成的销售目标以及市场反馈。这有助于公司了解销售团队的绩效，并做出相应的业务决策。⑥产品知识和培训：深入了解公司的产品或服务，能够清晰、准确地向客户传达产品的价值和特点。销售专员需要及时接受相关培训，以保持对产品信息的更新。⑦合作协调：与其他部门，特别是市场、客户服务和产品开发团队进行有效的协调与合作。销售专员需要确保销售活动与整体业务目标保持一致，以提升公司整体的销售绩效。⑧客户反馈处理：接收并处理客户的投诉、建议或问题。销售专员需要迅速响应客户的需求，解决问题，并确保客户对公司的满意度。

（三）生产计划部

生产计划部是企业中负责规划和组织生产活动的部门，其主要任务是确保生产过程的高效、有序和符合企业的战略目标。

1. 生产计划部的主要职能

（1）制定生产计划：生产计划部负责制定详细的生产计划，考虑市场需求、销售订单、库存水平和企业战略等因素，确保生产活动与市场需求相匹配。

（2）生产排程：根据制定的生产计划，生产计划部进行生产排程，明确每个生产环节的开始和结束时间，合理分配生产资源，以确保生产过程的高效运转。

（3）协调生产资源：生产计划部协调人力、设备、原材料等各种生产资源，确保它们在适当的时间和地点得到充分利用，以满足生产计划的需求。

（4）应对生产问题：处理生产过程中的问题和异常情况，如设备故障、原材料短缺等，采取措施及时解决，确保生产计划的正常执行。

（5）与其他部门协调：生产计划部需要与销售、采购、物流等其他部门密切协调，确保各个部门的工作协同一致，达到整体协同效应。

（6）改善生产效率：分析生产过程，寻找提高效率的方法和途径，推动生产流程的优化和改进，以提高生产效率和降低生产成本。

（7）制定生产标准：建立和维护生产标准，确保生产过程中的质量、速度和成本都符合企业的要求，为生产活动提供明确的指导。

2. 生产计划部的岗位职责

制造业经营特点下，生产计划部关键岗位包括经理、计划员与管理员。

（1）生产计划部经理的岗位职责：①制定生产计划策略：负责制定和执行生产计划的整体策略，确保生产计划与公司的战略目标相一致。②团队管理和领导：领导生产计划团队，包括计划员和其他相关职能人员。负责团队的招聘、培训、激励和绩效管理。③生产计划制定：制定详细的生产计划，包括生产排程、产量规划、资源需求计划等，以确保生产活动有序进行。④协调资源调配：确保生产过程中各种资源（人力、设备、原材料等）的协调和合理调配，以满足生产计划的要求。⑤生产效率优化：分析生产过程，推动生产效率的优化和改进，提高生产线的运转效率，降低生产成本。⑥协调解决问题：处理生产过程中的问题和异常情况，协调各方资源解决生产中的障碍，确保生产计划的正常执行。⑦与其他部门协调合作：与销售、采购、物流等其他部门密切协调，确保生产计划与整体业务目标保持一致。⑧制定和执行改进计划：制定生产计划的改进计划，推动团队不断优化流程、提高效能，确保生产计划的灵活性和适应性。⑨风险管理：评估潜在的生产风险，并制定相应的风险管理策略，以降低生产计划的不确定性。⑩与高层管理层沟通：向高层管理层报告生产计划的执行情况、问题和改进计划，提供决策支持。⑪培训团队成员：提供团队成员所需的培训和发展机会，确保团队的整体素质和专业能力。

（2）生产计划员的岗位职责：①生产计划制定：根据销售订单、市场需求、库存情况等信息，制定详细的生产计划，确保生产活动能够满足公司的交付和产量目标。②生产排程：根据生产计划，制定生产排程，明确每个生产环节的开始和结束时间，合理安排生产资源，确保生产过程的流畅和高效。③资源需求规划：分析生产过程所需的人力、设备、原材料等资源，制定资源需求计划，确保生产过程中的各种资源得到适当的分配和调配。④生产进度跟踪：跟踪和监控生产进度，及时发现并解决可能影响计划执行的问题，确保生产计划按时完成。⑤协调沟通：与生产车间、采购、仓储等相关部门进行有效的沟通和协调，确保各个环节的配合，协同完成生产计划。⑥生产数据分析：分析生产过程中的数据，包括生产效率、耗时、质量等方面，为优化生产计划提供数据支持。⑦问题解决：处理生产过程中的问题和异常情况，及时采取措施解决，确保生产计划的顺利执行。⑧改进提案：根据生产实践和数据分析，提出改进生产计划的建议和方案，以提高效率、降低成本或提升质量。⑨技术支持：与工程师、技术人员等合作，了解产品制造流程和技术要求，确保生产计划与产品技术规格相符。⑩报告撰写：撰写生产计划的相关报告，向上级管理层提供计划执行情况、问题和改进计划的汇报。

（3）生产管理员的岗位职责：①生产流程监管：负责监管和管理生产流程，确保按照生产计划有序进行，遵循公司的标准和流程。②生产调度：制定生产调度计划，合理安排生产资源，确保各个生产环节的协调运作，提高生产效率。③人力资源管理：协调生产人员的工作安排，确保有足够的人力资源参与生产活动，协调团队合作，提升工作效率。④设备维护监管：监管生产设备的运行状况，协调设备维护和保养，确保设备正常运转，降低生产中的故障率。⑤质量控制：确保生产过程中的产品符合公司的质量标准，监督和推动质量控制措施的执行，预防和解决质量问题。⑥安全管理：负责监督和执行生产现场的安全管理措施，确保员工工作安全，协助推动公司的安全文化。⑦生产报告和分析：撰写生产报告，记录生产过程中的关键数据，进行数据分析，为管理层提供关于生产绩效和改进机会的信息。

（四）仓储部

社会的分工和专业化生产要求有效的仓储系统来支持再生产过程。仓储不仅在社会层面满足了物资储备的需要，而且在企业层面成为保障生产和营销的关键环节。在企业中，物料仓储管理的良好实施对确保生产的正常进行至关重要，因为它直接关系到原材料、零部件和在制品等的储存与管理，进而影响着企业的核心竞争力。

在企业中，仓储部门扮演着至关重要的角色，负责有效储存和保管各类物资，包括原材料、半成品和产成品。该部门不仅需要根据业务部门的需求及时进行物资的出入库操作，还要精确掌握库存状况，以确保企业物流和生产运作的顺畅。

1.仓储部的主要职能

（1）储存和保管：负责对原材料、半成品和产成品等物资进行储存和保管，确保其安全、整齐，以便随时满足生产和销售的需求。

（2）入库和出库管理：管理物资的入库和出库流程，确保准确记录物资的数量和状态，实现对库存的精准掌控。

（3）库存控制：进行库存的监测和调配，保持适度的库存水平，避免过剩或短缺，以提高资金利用效率和降低存储成本。

（4）订单处理：根据销售和生产部门的需求，及时处理相关订单，保障所需物资的及时供应和生产进程的顺利进行。

（5）物资分类和标识：对不同种类的物资进行分类、标识，以便快速准确地找到并提取需要的物资。

（6）质量控制：进行对物资的质量检查和控制，确保入库物资符合质量标准，防止次品或损坏产品进入生产环节。

（7）信息记录和报告：记录物资的相关信息，包括库存数量、物资状态、入库时间等，生成库存报告，为企业决策提供数据支持。

（8）设备和安全管理：管理仓储设备，确保其正常运行，同时负责仓库的安全管理，预防火灾、盗窃等安全风险。

（9）供应链协调：与采购、生产、销售等各个部门进行协调沟通，以确保仓储工作与整个供应链的协同运作。

（10）环境管理：确保仓库环境符合物资储存的要求，包括温度、湿度等环境因素，以维护物资的质量。

2.仓储部的岗位职责

仓储部的主要岗位有仓储部经理和仓管员。

（1）仓储部经理的岗位职责：①制定战略计划：负责制定仓储部门的发展战略和长期规划，确保仓储工作与公司整体战略目标相一致。②团队管理和领导：领导仓储团队，包括仓库管理员、物流人员等，负责团队的招聘、培训、激励和绩效管理。③仓储流程优化：分析和优化仓储流程，提高物资存储、管理和流通的效率，降低成本，确保供应链的顺畅运作。④库存管理：负责库存的监控和管理，包括库存水平、周转率等指标的监测，确保库存处于合理水平，避免过剩或短缺。⑤物资入库和出库管理：管理物资的入库和出库流程，确保准确记录物资的数量和状态，及时满足生产和销售的需求。⑥质量控制：确保物资的质量符合标准，监督质量检验和质量控制流程，防止次品或损坏物资进入库存。⑦安全管理：负责仓库的安全管理，制定和执行安全政策和措施，预防火灾、盗窃等安全风险。⑧与其他部门协调：与采购、生产、销售等相关部门进行协调，确保仓储工作与整个供应链的协同运作。⑨绩效评估和报告：监督仓储团队的工作绩效，定期进行评估，并向上级管理层报告仓储工作的执行情况和改进建议。

（2）仓管员的岗位职责：①物资储存：负责接收、分类、摆放和保管各类物资，确保物资存放有序、安全，并符合储存标准。②入库和出库操作：进行物资的入库和出库操作，准确记录物资的数量、型号和状态，确保信息的及时更新。③库存盘点：定期进行库存盘点，核实库存数量和系统记录的一致性，及时发现并纠正库存差异。④包装和标识：负责对物资进行适当的包装和标识，以确保在仓库内的易识别和方便管理。⑤发货和配送：根据订单和计划，安排发货工作，协调物流配送，确保及时准确地将物资送达目的地。⑥质量检查：进行入库和出库物资的质量检查，确保符合公司的质量标准，及时处理次品或损坏品。⑦仓库清洁和维护：负责仓库的日常清洁工作，保持仓库环境整洁有序，同时协助维护仓储设备。⑧安全管理：遵守安全操作规程，负责仓库内安全设施的使用和检查，确保工作场所的安全。⑨系统录入和记录：将入库、出库等相关信息及时录入管理系统，保持系统数据的准确性。

（五）采购部

采购部是企业中负责采购活动的专门部门，其主要任务是通过购买物资、商品或服务，满足公司生产和运营的需求。采购部门在整个供应链中发挥着重要的作用，涉及供应商的选择、谈判、合同签订以及后续的供应关系管理。

1. 采购部的主要职能

（1）物资采购：负责购买企业所需的原材料、零部件、成品等物资，确保供应链的稳定运转。

（2）供应商选择和评估：评估并选择潜在供应商，进行供应商的信誉、财务状况、生产能力等方面的评估。

（3）价格谈判：与供应商协商价格和合同条款，争取最有利的采购条件，以降低成本。

（4）合同签订：签署正式的采购合同，明确供应商和企业之间的权责关系和交易条件。

（5）库存管理：与仓储部门协调，确保采购的物资按时入库，维持适当的库存水平，避免过度或不足。

（6）市场研究：持续监测市场动态，了解原材料和产品价格趋势，为采购决策提供信息支持。

（7）风险管理：管理采购过程中的各类风险，包括市场波动、供应商不稳定性等，采取措施降低不确定性。

（8）质量控制：确保采购的物资符合公司的质量标准，协助解决可能出现的质量问题。

（9）成本效益分析：进行采购成本效益分析，寻求降低采购成本的机会，提高采购的经济效益。

（10）供应链协调：与生产、销售、仓储等部门协调工作，保障采购与整个供应链的协同运作。

（11）可持续采购：考虑环保和社会责任因素，推动可持续采购策略的实施，确保企业的可持续发展。

（12）供应关系管理：建立和维护与供应商的合作关系，解决潜在的合作问题，促进长期稳定的供应关系。

2. 采购部的岗位职责

采购部根据企业经营目标和业务特点，通常设有多个岗位，包括采购部经理、采购计划主管、采购合同主管、供应商管理主管、采购成本控制主管和采购员等。

（1）采购部经理的岗位职责：①制定采购战略：根据公司业务目标和市场情况，制定全面的采购战略，确保采购活动与公司战略一致。②团队管理：领导和管理采购团队，包括采购计划主管、采购合同主管、供应商管理主管等，进行团队建设、培训和激励。③采购预算管理：负责制定和执行采购预算，确保采购活动在财务预算范围内运作，并寻求降低采购成本的机会。④供应商筛选与谈判：筛选并评估潜在的供应商，进行价格和合同谈判，确保取得最有利的采购条件。⑤合同管理：签署和管理采购合同，明确供应商和公司之间的权责关系、交货期等合同条款。⑥风险管理：分析和管理采购过程中的各类风险，制定应对策略，确保采购活动的稳定性。⑦与其他部门协调：与生产、销售、仓储等相关部门协调工作，保障采购与整个供应链的协同运作。⑧供应链可持续发展：推动可持续采购策略，考虑环保和社会责任因素，促进供应链的可持续发展。⑨危机管理：处理采购过程中的紧急情况和问题，采取有效措施保障采购的正常进行。

（2）采购员的岗位职责：①物资采购：根据公司需求，负责购买所需的原材料、零部件、商品或服务等物资。②价格谈判：与供应商协商价格和付款条件，争取获得最有利的采购合同，以降低成本。③合同执行：负责执行采购合同，确保按照合同规定的条件和期限履行采购义务。④采购计划执行：根据采购计划，按时执行采购任务，确保物资的及时供应。⑤库存管理：与仓储部门协调，确保采购的物资能够及时入库，维持适当的库存水平。⑥质量控制：进行采购物资的质量检查，确保符合公司的质量标准，协助解决质量问题。⑦供应商沟通：与供应商保持有效的沟通，解答疑问，处理问题，建立和维护良好的合作关系。⑧订单处理：处理采购订单，确保订单的准确性和及时性，跟踪订单执行进程。⑨市场调研：持续监测市场行情，了解原材料和产品价格趋势，为采购决策提供信息支持。⑩数据记录和报告：及时记录采购过程中的数据，生成相关报告，为采购管理提供数据支持。

（六）财务部

财务部是企业组织结构中的一个重要部门，主要负责公司的财务管理和财务决策。该部门的职责涵盖了财务规划、资金管理、会计记录、报告编制、税务管理等多个方面，旨在确保企业的财务状况良好、合规经营，并提供决策支持。

1.财务部的主要职能

（1）财务规划和预测：制定企业的财务目标、计划和预测，协助制定财务战略以支持公司整体业务发展。

（2）资金管理：确保公司有足够的资金支持日常运营和发展项目，优化资金结构，防范资金风险。

（3）会计核算：进行企业的会计核算工作，包括准确记录财务交易、编制财务报表、管理会计数据。

（4）财务报告和分析：编制定期的财务报告，对公司的财务状况和经营绩效进行深入分析，并向管理层提供决策支持。

（5）成本管理：监控和控制公司的各项成本，包括生产成本、运营成本和一般行政成本，以提高经济效益。

（6）税务管理：管理和执行公司的税务事务，确保公司合规遵循税法规定，寻求税收优惠，并最大限度地降低税收负担。

（7）审计合规：协助内外部审计工作，确保公司财务活动的透明度和合规性，提供审计报告。

（8）风险管理：识别和评估潜在的财务风险，制定相应的风险管理策略，确保公司的财务稳健。

（9）投资决策：参与公司投资项目的评估和决策，确保投资回报符合公司战略目标。

（10）员工薪酬和福利管理：管理员工薪酬、福利和相关的人力资源财务事务，确保符合法规和公司政策。

（11）财务信息系统管理：确保财务信息系统的有效运行，协助公司实现数字化财务管理。

（12）与外部利益相关者沟通：与投资者、监管机构、银行等外部利益相关者进行有效沟通，提供准确的财务信息。

2.财务部的岗位职责

财务部门作为企业管理的核心，通过明确的岗位设置确保各项财务工作有序运转。在虚拟商业社会环境实训中，为适应企业目标和业务特点，财务部主要设置了财务部经理、财务会计、成本会计和出纳等关键岗位。这种精心规划的设置旨在集中管理、分工负责，有效落实财务责任，确保财务工作的高效运行。

（1）财务部经理的岗位职责：①财务战略规划：制定和执行公司的财务战略，确保与业务目标和长期发展计划一致。②预算管理：负责编制公司的财务预算，监控和控制财务活动，确保预算的合理性和执行。③总账管理：监督和管理公司的总账务，确保会计记录的准确性、完整性，并符合相关法规和会计准则。④财务报表：负责编制和分析公司的财务报表，向高层管理层提供全面、准确的财务信息，支持决策制定。⑤资金管理：管理公司的资金流动，确保有足够的资金支持业务运营，同时优化资金结构，降低资金风险。⑥审计协助：协助内外部审计工作，确保公司财务活动的合规性和透明度。⑦税务策略：制定并执行公司的税务策略，确保遵守税收法规，最大程度地优化税务负担。⑧团队管理：领导和协调财务团队的工作，进行团队建设、培训和绩效评估。⑨风险管理：识别和评估与财务相关的潜在风险，采取措施降低公司面临的财务风险。⑩与外部利益相关者沟通：与投资者、银行、审计师等外部利益相关者保持有效的沟通，维护公司形象。

（2）出纳岗位的职责：①现金管理：负责公司现金流的管理和监控，确保有足够的现金用于日常业务需求。②银行业务：处理公司与银行之间的日常业务，包括存款、取款、转账等，维护与银行的良好关系。③票据处理：负责公司票据（支票、汇票等）的领取、发放、兑现，确保票据的合法性和准确性。④账务记录：记录和核对公司的日常收支，保持账务的准确性和及时性。⑤报销处理：处理员工的费用报销，核对相关单据，确保合规性，并及时发放报销款项。⑥款项支付：负责按照公司政策和合同约定，及时支付供应商、员工薪酬等各项款项。⑦资金清算：对公司资金进行定期清算，确保账户余额的准确性和合规性。⑧财务报表支持：协助财务经理和财务会计准备财务报表，提供相关的资金和现金流方面的数据。⑨税务事务：处理与税务相关的资金事务，确保遵守相关税收法规，准备相关资料以支持税务审计。⑩与审计合作：协助内外部审计工作，提供相关的账务信息和支持。

（3）财务会计的岗位职责：①会计记录：负责记录和处理公司的日常财务交易，包括收入、支出、资产、负债等。②账务核对：定期核对财务账目，确保账目的准确性和完整性，及时发现和纠正错误。③财务报表编制：根据会计准则和法规，编制财务报表，包括资产负债表、利润表、现金流量表等。④会计政策执行：遵循公司会计政策和程序，确保会计处理符合法规和内部控制要求。⑤月度和年度结账：负责月度和年度的会计结账工作，确保账务结算的及时性和准确性。⑥税务申报：准备和提交公司的税务申报表，确保遵守税法规定，及时缴纳税款。⑦成本核算：进行成本核算工作，分析和评估生产成本、销售成本等，为成本控制和决策提供支持。⑧财务分析：分析财务数据，包括比较、趋势分析等，为管理层提供决策支持和经营建议。⑨资产管理：管理和跟踪公司的固定资产，包括资产清查、折旧、处置等。

（4）成本会计的岗位职责：①成本核算：进行产品、项目或服务的成本核算，包括直接成本和间接成本的计算，确保成本记录的准确性。②成本控制：分析成本变动的原因，提出改善建议，协助管理层实施成本控制措施，确保成本在可控范围内。③成本预算：协助制定和执行成本预算，监控实际成本与预算之间的差异，分析差异的原因。④产品成本分析：对不同产品或服务进行成本分析，帮助管理层了解产品盈利能力，支持定价和市场策略的制定。⑤生产效率分析：分析生产过程中的效率，识别潜在的成本降低和效益提升的机会。⑥项目成本管理：对公司项目的成本进行管理和追踪，确保项目在预算范围内运行。⑦库存成本控制：管理和监控库存成本，确保库存估值的准确性和合规性。⑧制定成本会计政策：与管理层一起制定和实施公司的成本会计政策，确保会计处理符合法规和内部控制要求。

（七）人力资源部

人力资源部是企业组织结构中的一个重要部门，负责管理和发展公司的人力资源。该部门的职责主要包括招聘、员工培训与发展、绩效管理、员工关系、薪酬福利、劳动法律法规遵循等方面。人力资源部门致力于最大化公司员工的潜力，提高员工工作满意度和绩效，促进企业的长期发展。

1.人力资源部的主要职能

（1）招聘与选用：负责制定招聘计划、发布招聘信息、筛选、面试和选择合适的候选人，确保公司拥有符合要求的员工队伍。

（2）员工培训与发展：规划和组织员工培训计划，提高员工的专业技能和综合素质，促进个人和公司的共同成长。

（3）绩效管理：设计和实施绩效评估体系，跟踪员工绩效，提供反馈并制定激励计划，推动员工实现个人和公司目标。

（4）员工关系：管理和维护员工关系，处理员工投诉、纠纷和问题，营造和谐的工作氛围。

（5）薪酬福利管理：设计和管理公司的薪酬体系，包括工资、奖金、福利和离职补偿等，确保薪酬公平合理。

（6）员工福利：管理员工的福利计划，包括五险一金、年假、培训津贴等，提升员工的福祉感。

（7）员工文件管理：负责建立和维护员工档案，包括个人信息、薪酬记录、绩效评估等，确保信息的准确和保密。

（8）劳动法规遵循：确保公司的人力资源政策和行为符合国家和地区的劳动法规，防范法律风险。

（9）员工发展规划：协助员工制定职业发展计划，提供职业咨询和发展机会，激发员工的潜力。

（10）组织发展：参与公司战略规划，设计和推动组织结构和文化的发展，支持公司整体目标的实现。

（11）人才管理：识别和培养高潜力员工，建立人才储备，确保公司有足够的人才储备来支持业务的发展。

（12）员工调查与反馈：进行员工满意度调查，收集反馈，制定改进计划，增强员工参与感和忠诚度。

2.人力资源部的岗位职责

在虚拟商业社会环境实训中，中小制造型企业的人力资源部门保持了简洁而高效的组织结构，仅设有人力资源部经理和人力资源助理两个关键岗位。

（1）人力资源部经理的岗位职责：①人力资源战略规划：制定公司的人力资源战略，与业务目标对接，确保人力资源策略与公司整体战略一致。②招聘和人才管理：负责招聘流程，确保公司拥有符合要求的人才，并进行人才管理，包括绩效评估和员工发展。③员工关系管理：维护和促进公司内部员工关系，处理员工纠纷，确保良好的工作氛围和沟通渠道。④培训与发展：规划和执行员工培训计划，支持员工的专业和职业发展，提高员工整体素质。⑤绩效管理：设计和实施绩效评估体系，跟踪员工绩效，提供反馈和制定奖惩措施。⑥薪酬福利管理：管理薪酬体系，包括薪资结构、福利计划，确保薪酬公正和合理。⑦员工文件管理：建立和维护员工档案，包括个人信息、薪资记录、绩效评估等。⑧人才储备与发展规划：管理人才储备，制定员工发展计划，确保公司有足够的人才支持业务的发展。⑨与管理层沟通：与高层管理层保持紧密沟通，报告人力资源情况，提供战略建议。

（2）人力资源助理的岗位职责：①招聘协助：协助招聘流程，包括发布招聘信息、筛选简历、安排面试等，协助维护招聘数据。②员工入职与离职：协助新员工的入职手续，包括办理入职手续、设备准备等；处理员工离职手续。③培训支持：协助组织和执行培训计划，包括培训场地准备、材料发放、培训记录等。④员工调研与满意度调查：协助进行员工调研和满意度调查，收集数据并提供相关报告。⑤报表和文档准备：协助准备人力资源报表和文档，确保信息的及时性和准确性。⑥员工活动组织：协助组织员工活动，提高员工凝聚力和团队合作精神。

二、商贸企业岗位职责

商贸企业的组织结构包括总经理、财务部经理、税务会计、行政主管、仓储部经理、仓管员、行政助理、人力资源部经理、人力资源助理、出纳、采购部经理、采购员、营销部经理、销售专员、市场专员等15个岗位。由于业务规模较小，仅有3名工作人员，他们兼任多个岗位，实现高效运作。

（一）总经理

总经理同时兼任财务部经理和税务会计。

1.总经理的岗位职责

总经理的职责涵盖了从总体战略规划到日常经营管理的方方面面。他们负责制定公司的战略愿景，确保年度经营规划的制定，建立健全公司的管理体系和组织结构，制定基本管理制度以规范公司运作。总经理主持日常经营工作，对公司经营目标负有最终责任，组织召开决策会议，对公司的重大决策进行主持和决策。此外，总经理还负责职能部门经理的任免，确保公司各个职能部门有合适的领导来推动业务的顺利进行。

2.财务部经理的岗位职责

财务部经理在公司的经济管理中扮演着至关重要的角色。从制定财务战略规划到执行全面的财务会计工作，再到预算制定和资金管理，以及纳税合规等方面，财务部经理负责众多关键职责。其任务不仅仅包括了日常的财务记录和报表编制，还扩展到了战略规划、资金管理、预算监控等高层次的经济活动。

3.税务会计的岗位职责

税务会计需要确保公司合规纳税和财务记录的准确性。从购买发票到管理空白发票，再到发票开具和增值税抵扣认证，税务会计保障了公司在纳税方面的规范运作。此外，他们负责准确计算各项税金、编制国、地税各税种纳税申报表，保证按时申报并缴纳税款。整理和存档相关纳税申报表和发票也是其职责之一，确保公司税务工作的完整性和追溯性。

（二）行政主管

行政主管兼任仓储部经理、仓管员、行政助理、人力资源部经理、出纳。

1.仓储部经理的岗位职责

仓储部经理通过制定目标和工作规划，优化工作流程，降低库存成本，实现存货周转加快，最大程度地利用仓储场所。监督物料的收发存管理和进行盘点清查，确保账实相符。同时，仓储部经理制定并推行仓储管理制度，进行安全库存分析，以经验预测、库龄评估避免货品滞销，提高资金利用效率。负责制定人员职责和权限，进行人员管理培训，实施绩效考核和奖惩，以保障团队高效运作。

2.仓管员的岗位职责

仓库管理员是公司物流体系中的关键角色，负责仓库的全面管理。从按照配货计划进行配货，管理产品的入库、保管和发货，到严格执行入库和出库手续流程，处理退货工作，保障了物流流程的顺畅进行。同时，仓库管理员关注仓库的安全、防盗和消防工作，及时上报事故隐患，妥善处理意外事件，确保员工和财产的安全。调节物料存储环境，保持适宜的温度、湿度等条件，以防腐蚀等因素影响物料品质。通过定期盘点清仓，保证账、物、卡相符，维护公司的财务准确性。最重要的是，仓库管理员以公司利益为重，爱护公司财产，杜绝监守自盗的行为，为公司的经营稳健和物流高效运作提供了坚实保障。

3.人力资源部经理的岗位职责

人力资源部经理通过建立健全的人力资源管理制度，确保公司人力资源的有效运作。从招聘计划、培训计划的制订，技能考核和培训的实施，到人力资源支出预算的编制和成本的控制，人力资源部经理参与并影响了公司各个层面的决策。负责招聘活动和监督人事材料及报表，保障了公司拥有高素质的员工队伍。通过制定考核制度，进行员工考核，负责薪资核算与发放，人力资源部门关注员工的绩效和薪酬，为公司搭建了稳健的人才激励机制。

建立人力资源管理信息系统，提供数据支持，助力公司在人力资源管理方面做出明智决策。同时，人力资源部经理还负责部门内的组织、管理和协调工作，确保整个团队的协同运作，为公司的可持续发展提供强大支持。

4.人力资源助理的岗位职责

人力资源助理在公司的人力资源体系中承担多方面的职责。从招聘渠道的管理、发布招聘信息，到简历筛选、面试预约和安排，再到员工档案和劳动合同的管理，人力资源助理在招聘阶段发挥了关键作用。同时，他们负责组织和实施招聘和培训，执行人事政策和管理制度，保障公司人力资源体系的有序运作。实时更新人事信息，管理员工考勤，办理社会保险和住房公积金手续，以保障员工的权益。在员工入职、调动、离职等手续办理方面，人力资源助理协助上级处理日常事务，同时协助经理处理部门内其他工作，为公司的人力资源管理提供全方位支持。

5.出纳的岗位职责

出纳在公司财务管理中承担着诸多职责。从办理银行账户的开立、变更和撤销，到现金收支的管理，以确保账款相符，保障现金的安全。通过定期进行银行对账和编制银行余额调节表，出纳负责银行结算业务的办理，签发支票、汇票等重要空白凭证并登记，保管库存现金、有价证券、凭证和印章。登记现金日记账和银行存款日记账，及时整理并传递原始票据，为协同工作提供支持。通过编制资金报表，按月装订并定期归档，确保财务数据的完整性和可追溯性。此外，出纳还负责办理贷款卡的年检，同时完成领导交给的其他各项临时工作，为公司的财务稳健运作提供全方位支持。

6.行政助理的岗位职责

行政助理通过了解各部门的工作动态，参与发展规划和年度计划的制定，协助审核和修订管理规章制度，组织和管理日常行政工作，起草企业文件，为公司提供及时的行政支持。行政助理还参与企业管理体系的运行，监督工作进度，处理文字资料，确保公司文件的签收、拆封、登记、传阅等工作。负责企业证照的办理和管理，协助行政和采购事务，领用和分发办公用品，同时协助进行内务和安全管理，为其他部门提供有效的行政服务，为公司的正常运作提供了全方位支持。

(三)业务主管

业务主管同时兼任采购部经理、采购员、营销部经理、销售专员、市场专员。

1.采购部经理的岗位职责

从统筹采购规划,确定采购内容,到制定采购计划和目标,采购部经理应积极改进采购工作流程,降低库存成本,提高效率;参与供应商管理,建立供应商档案管理制度,确保供应链畅通;负责物流和资金流管理,审核和签署采购合同,解决合同分歧,保证采购流程顺利进行;处理紧急采购任务,采取应急行动,确保公司经营活动的正常进行。此外,采购部经理还负责制定部门人员的职责和权限,管理下属人员,进行绩效考核和管理培训,确保团队高效运作;确保所有采购行为符合相关政策法规和道德规范,完成上级领导交办的其他临时性工作,为公司的可持续发展做出贡献。

2.采购员的岗位职责

销售专员的职责主要包括编制采购计划、参与供应商管理、制作采购合同和采购订单、全程跟踪物资采购流程、质量把关、避免不合格品积压、配合仓储部完成采购货物入库、负责货款和采购费用的处理、监控库存变化、建立业务主管档案,并确保采购行为符合相关政策法规和道德规范。

3.营销部经理的岗位职责

作为营销经理,其职责涵盖了从制定企业营销总体规划到监督执行营销方案的全过程。通过制订本部门的业务计划和负责预算,营销经理确保了业务目标的明确和资金的合理运用。审核、批准和监督执行营销方案,以确保活动的有效性和符合公司整体战略。拟定、实施和改善营销管理制度,为团队提供明确的工作流程和规范。评定员工绩效和进行年度经营分析,帮助团队不断提升业绩水平。同时,负责员工培训和队伍建设,致力于提高整个团队的专业水平和执行力。

4.市场专员的岗位职责

市场专员的职责包括负责公司业务相关市场信息的收集与分析,为公司决策及业务拓展提供支持;根据市场调研与分析结果,预测产品销售,进行新市场开发,并制订新产品开发计划;策划和实施公司的广告方案和其他促销活动,并编制相应的预算;以及负责部门经理安排的其他工作。

5.销售专员的岗位职责

销售专员在营销经理领导下,完成销售指标,负责区域内的产品推广和销售管理。主要职责包括:销售专员的主要职责包括搜集潜在客户、开发新客户,拓展与维护老客户业务,建立客户档案;制订销售计划并拜访客户;进行产品销售沟通与商务谈判;签订销售合同,负责履行与管理;维护公司客户关系;负责销售合同的履行与管理;处理公司产品临时项目投标;处理其他由部门经理安排的工作。

三、社会资源

(一)政务服务中心

政务服务中心包括工商局、税务局、社保局、住房公积金管理中心。

1.工商局专管员的岗位职责

(1)受理企业核名。在企业注册设立之前,企业必须进行企业名称预先核准,以确保公司名称的独特性和规范性。此过程包括对申请的公司名称进行审核,防止与其他企业重名。如果发现重名情况,企业需要选择并提出另一备选名称,直到工商局审核通过为止。

(2)工商注册登记。在国家工商行政管理法规的指导下,我国境内的工商企业需要按照特定程序进行注册登记,包括开业、变更、注销等活动,特别是公司变更登记。

(3)企业工商年检。按年度对企业进行营业执照检查,确认经营资格。

(4)工商监督。按照法定程序组织和进行市场竞争行为的监督检查,同时着重在规范管理和监督市场经营秩序方面发挥作用,以维护社会公共利益为目标。

(5)广告、合同和商标管理。依法规组织和管理广告发布以及广告经营活动,合法管理各类合同行为,以及有效管理注册商标并保护注册商标专用权。

2.税务局专管员岗位职责

（1）税务登记。根据国家税收法规，新设企业或经营变化的企业需在当地税务部门办理税务登记，核发税务登记证。

（2）税款征收。税务机关根据税收法规组织征收入库，包括征收方式、程序、减免核报、税额核定、保全措施、强制执行、欠缴多缴处理等。

（3）发票管理。发票管理涵盖印制、购领、使用、监管及违章处罚等环节。

（4）纳税检查。纳税检查是税收管理的关键环节，通过对纳税人履行纳税义务的真实情况进行监督和审查，确保税收政策的贯彻执行和财政收入的安全。检查分为自查、常规检查和专项检查。

（5）税收统计、分析。税务部门按年度进行税收统计，主要任务为建立报表体系、分析统计结果并撰写报告。统计内容包括税源、税收、税政及税负等。每年需向外提供报表及分析报告。

（6）税务违法处罚。企业因失误或故意违反税收法规，须承担法律责任。

3.社保局专管员的岗位职责

社会保险管理部门承担着多项重要职责，包括参保登记、基础资料管理、社保基金征集、保险关系转移、费用征收、档案管理以及咨询服务。通过参保登记和资料管理，确保了参保单位和个体的合法权益；多险种社保基金征集为社会保障体系提供了资金保障；社保关系转移和费用征收保障了参保人员的权益和社会保障的顺利运作；档案管理和咨询服务则为参保人员提供了便利和保障。

（二）服务公司

服务公司在为制造企业提供全方位支持时，主要职责包括人力推荐、人才培训、广告服务、市场开发、产品研发以及各类其他服务。通过人才推荐和培训，服务公司助力制造企业建设优秀团队；广告服务和市场开发为企业提供了有效的宣传和推广支持；产品研发和其他服务则展示了服务公司的全面实力。

这些服务不仅促进了企业的发展，同时也为服务公司创造了多元化的经济收益。服务公司的多元职责体现了其在满足制造企业需求的同时,持续拓展业务领域,提供更加全面的专业服务。

(三)银行

银行柜员主要职责包括银行开户、转账、代发工资、委托收款、出售银行票据、银行信贷以及档案管理。通过为企业提供开户、资金转移、融资等多样化服务,银行柜员不仅促进了企业的正常经济活动,同时也为客户提供了全方位的金融支持。代发工资业务保障了员工的权益,出售银行票据方便了客户办理业务,而银行信贷则为企业提供了资金的灵活运用。通过精细的档案管理,银行柜员确保业务文档的有序存储,为审计和查询提供了便利。

(四)会计师事务所

注册会计师在职责范围内担当了多重角色,包括审计、验资、评估、造价、税务咨询、代理记账以及财务顾问等职责。

通过审计工作,他们确保了企业财务数据和会计报告的准确性与合规性;验资和评估工作为企业设立和变更提供了专业支持;在造价核算方面,保证了工程施工和资产成本的合理性;税务咨询服务为企业提供了遵循法规的税务规划;代理记账工作则确保了财务记录的精准性;作为财务顾问,注册会计师协助客户进行全面的财务决策和规划。

项目二　组建团队

【知识目标】

熟悉企业工商注册法律规定与人力资源管理

【能力目标】

掌握演讲与制作简历的技巧

【导读案例】

美国麻省理工学院的教授经过深入研究，将职业定位划分为以下五种类型：

技术型：这种职业定位的人，工作主要基于自身个性和兴趣考虑。他们往往并不倾向于从事管理工作，而是希望在各自的专业技术领域内有所发展。过去我们经常会将那些在技术上表现出色的科技人员提拔到领导岗位。然而，这些人员往往并不喜欢领导岗位的工作，他们更希望继续深入研究自己的专业领域。

管理型：投身管理岗位意愿强烈的这类人，凭借过往经验深知自己具备晋升高层领导职位的潜质。他们志在跻身职责重大的管理岗位，并以此作为职业发展的目标。高层经理所必需的能力涵盖了三大核心领域：首先是分析能力，即在信息不完备或情境多变的情境下，准确判断、分析并解决问题的能力；其次是人际能力，意指对各级人员进行有效影响、监督、领导以及妥善应对与控制的能力；最后则是情绪控制能力，特指在遭遇突发事件时，能始终保持镇定自若，顶住压力，不失控、不沮丧，坚定地履行重大职责，做到游刃有余。

创造型：这类人追求建立个性化的成果，希望拥有以自己名字命名的产品、工艺，或创立自己的公司，以及能体现个人成就的财富。他们坚信，只有这些实质性的成果才能真正体现自身的才华和价值。

自由独立型：根据个体差异，部分人偏爱独自行动，在这些独立的人群中，许多人的职业定位为技术型，并且他们的高技能和专业知识相当突出。但与一般技术型定位的人不同，他们不寻求组织内的晋升机会，而是选择成为咨询专家，或者以独立或合作的形式开展业务。此外，其他独立型的人可能会选择成为自由职业者，撰写文章或经营小型零售店，以实现他们的职业抱负。

安全型：在我国的就业环境中，有一部分群体对职业的长期稳定性和安全性抱有强烈关注。他们为了寻求稳定的工作、优厚的收入、全面的福利以及健全的养老保障而努力奋斗。当前，我国的大多数人倾向于这种职业定位，这在一定程度上是由我国的社会发展水平所决定的，而并非完全基于个人的意愿。随着社会的不断进步，人们将能够更加自主地选择适合自己的职业类型，而不再仅仅局限于这种传统的职业定位。

为了准确界定个人的职业定位，可遵循以下步骤进行深入思考和整理：

1.回顾成长历程，思考在中学和大学时期，自己在哪一方面投入的精力最为充沛，并详细记录于纸上。

2.审视首份工作，明确自己的职业期望，并深入思考长期职业目标是否有所调整及其原因。

3.梳理工作历程，分析工作变动的原因，并记录下在工作中最为钟爱和难以接受的工作内容。

4.审视职业决策，思考是否有过拒绝调动或晋升的情况，并分析其背后原因。

根据上述五类职业定位的阐述，请你明确自己的主导职业定位。需要强调的是，这些分类并无高低优劣之分，提出这些分类的目的在于帮助大家更深入地了解自己，并在此基础上重新规划职业生涯，制定出更具有针对性的职业目标。希望大家能够以此为依据，实现自我成长与提升。

【思考】你属于哪种类型？

任务一　CEO 竞选演讲

首席执行官（Chief Executive Officer，CEO）作为企业的最高行政官，承担着日常事务的领导责任。CEO 对公司董事会负责，是董事会的一员，同时在企业内部拥有最终执行权。这个职位不仅要求对企业整体战略的制定与执行有深刻洞察，还需要在组织内部发挥领导力，确保公司的可持续发展。

一、任务描述

现有 5 家童车制造公司、2 家客户、2 家供应商及 6 家金融机构，共提供 15 个 CEO 岗位。通过能力测试或自荐确定候选人，教师规定竞选演讲规则并告知非竞选学生投票。

CEO 候选人报名任务推送及设置演示见资源 2-1，投票选举 CEO 任务推送及设置演示见资源 2-2。

资源 2-1　　　资源 2-2

二、任务要求

在 CEO 竞选活动中，学生可作为候选人，通过准备演讲稿和脱稿演讲来展示自己的领导能力和理念；同时，其他同学作为选民需认真聆听所有演讲，仔细考虑支持哪位 CEO 候选人。教师在活动中扮演场外指导者的角色，向学生介绍竞选规划，提供指导和支持。

竞选主题一：员工工作积极性低，经常上网聊天，如何解决？

竞选主题二：新员工业务不熟，无法快速适应，如何应对？

竞选主题三：部门间推诿指责，如何解决？

CEO候选人竞聘演讲说明见资源2-3，投票选举CEO操作演示见资源2-4。

资源2-3　　　　资源2-4

任务二　现场招聘组建团队

【导读案例】

个人简历，旨在以简明扼要的方式全面展示个人的学历背景、工作经历、专业技能及个人爱好等重要信息。作为一份重要的自我展示文件，个人简历不仅体现了个人资历和能力，更是求职者获得工作机会的重要媒介。对于即将步入职场的学生来说，如何制作一份优秀的个人简历，是他们必须面对和解决的重要问题。因此，掌握简历制作技巧，对于学生来说具有重要意义。

疑惑一：精美的封面需要吗？

毕业于广州某大学的小徐，对于此问题仍未能找到确切答案。当初，他的第一份简历与众多同学一样，采用了学校的标志，精心制作了简历封面，并通过彩色打印呈现出了精美的效果。然而，在应聘过程中，小徐逐渐意识到简历封面并未为其带来太多帮助，反而有时成为一个累赘。因此，他果断地舍弃了封面，以更加简洁的方式呈现自己的简历。

点评：关于在个人简历上设置封面的问题，普遍看法是这种做法已逐渐不被社会所接受。在求职者眼中，这是一种展现自己工作态度的行为，但在人力资源部门看来，这却是无谓的浪费。不仅浪费了求职者的时间，也浪费了公司的纸张资源。然而，情况并非绝对如此。对于学习设计的人来说，一个精心设计的封面往往能够成为他们简历中的一大亮点，有效提升自己的竞争力。

疑惑二："一页简历"，够了吗？

小亮，新闻学院优秀毕业生，怀揣着对新闻媒体的热爱与追求，踏上了求职之路。与众不同的是，他的简历绝非寻常的一页纸，而是一部厚重的作品集。除了详尽的个人基本信息、丰富的实践经历以及荣誉成果等常规内容，他更附上了自己在报社实习期间发表的一百多篇佳作。这份简历，厚重如书，完美诠释了小亮对新闻事业的专注与执着。他坚信，这份厚重的简历正是他辛勤耕耘的见证，也是他严谨工作态度的缩影。

点评：经过慎重的调研和广泛地征求意见，发现招聘官的看法在很大程度上具有普遍性——即更青睐于简练明了的"One page"（1页）简历。这一观点也得到了众多知名企业招聘官的认同。然而，对于某些行业，如创意设计或市场营销等，由于其工作性质更注重实际经验和创意表达，求职者可以适当增加简历的篇幅，并附上自己的作品集，以便更好地展示自己的实力和特点。

疑惑三：薪水，该说多少？

一名武汉某建筑学院的本科生正在应聘一家小型房地产公司的职位。在谈到薪资待遇时，该本科生表示期望月薪为4000元。招聘人员耐心地解释了公司的薪酬体系，并指出中层人员的月薪也不过5000元，而新入职的大学生的月薪通常不超过1700元。经过一番友好的交流，该本科生表示理解并感谢招聘人员的坦诚解答，被告知"欢迎下次再来应聘"。这一事件引起了社会各界的广泛关注，对于大学生就业的待遇问题再次成为公众关注的焦点。

点评：对于大学生求职者而言，薪水问题确实是一个棘手的问题。若回答过高，可能会让HR认为你的期望值超出了实际市场水平；而若回答过低，则可能会使HR对你产生能力不足的疑虑。为妥善应对这一问题，明智的做法是事先对目标行业的薪酬状况进行深入了解，以便给出合理且具有竞争力的薪资预期。

疑惑四：一份简历包打天下？

小赖是一位药学研究生，对自己的职业规划有着清晰的认识。她将高职教师作为首选职业目标，其次是高校辅导员，最后是医药公司研发人员。为了更好地实现自己的职业目标，她精心设计了三份简历，每份简历都针对不同的岗位进行突出和优化。小赖认为，只有针对不同的岗位需求，有针对性地优化简历,才能更好地展现自己的优势和特长,提高自己的竞争力。她的做法充分体现了其严谨、规范、严肃、官方的态度,以及对准确性的追求。

点评:切记不可用同一份简历去申请所有职位,必须要有针对性地进行调整。在简历中,要突出与目标公司和职位相关的经历和能力,适当弱化不重要的部分,这样才能更好地吸引招聘者的注意。

【思考】制作一份自己的简历。

企业的竞争实际上是人才的激烈争夺战,而拥有高竞争力的人才是企业兴盛的基石。因此,有效的招聘选拔不仅是人力资源管理中的关键环节,也对企业的发展起到至关重要的作用。招聘方式多样,包括项目招聘和日常招聘,前者注重短时间内集中招聘多个岗位,后者则是企业日常工作中持续填补人才空缺的灵活方式。

一、任务描述

在制造企业中,组织结构通常包含七大部门,共设有 18 个关键岗位。从企业管理、营销、生产计划到仓储、采购、人力资源和财务,每个部门都承担着特定的职责。其中包括总经理、总经理助理、各级营销、生产计划和仓储、采购、人力资源以及财务等各个层面的专业人才。

某供应商构建了一个紧凑而高效的组织结构,包括总经理、行政主管和业务主管等关键岗位,人员多重职责的设定使得整体协作更为紧密。同时,其他企业单位如服务公司、银行、社保局、工商局、税务局和会计师事务所也各自设有独立的关键岗位。在招聘流程中,企业单位的 CEO 首先确定人力资源部经理,并由其牵头组织本单位的招聘工作,确保招聘过程有序推进。

现场招聘准备详细视频讲解见资源 2-5。

资源 2-5

二、任务要求

在进行现场招聘时,每个单位都需谨慎设计组织机构和设定岗位,紧接着撰写招聘启事并发布招聘公告。整个招聘流程涵盖了简历收集、筛选,最终通过组织面试与评价来选拔最适合的人才。

现场招聘、员工上岗、员工上岗情况检查相关视频讲解分别见资源2-6、2-7、2-8。

资源2-6　　　　资源2-7　　　　资源2-8

任务三　组织内部会议

【导读案例】

针对近期员工在会议中迟到现象频发的问题,某国企董事长高度重视,经过深思熟虑,决定采取措施予以纠正。为此,董事长制定了一条规定,明确要求迟到者需缴纳罚款100元,以示警示。

在规定出台后的第一次会议上,董事长本人却迟到了。面对众人,他立即作出解释,表示因一位重要的客户到访,导致时间安排出现偏差,延误了15分钟。他强调,这种情况仅为偶然,下不为例。

然而,在随后的第二次会议中,却有许多员工同样出现了迟到现象。这一情况引起了广泛关注,也提醒着我们在制度执行过程中,必须始终保持公正、公平的态度,以确保各项规定得到有效遵守。

【思考】在策划组织内部会议时,我们应深入考虑哪些关键因素,以确保会议的高效性并有效实现会议目标?

这些新成立的企业都由来自不同专业的同学组成管理团队,而CEO则是这个团队的领导者，肩负着引导团队朝着组织目标努力的责任。在这种背景下，总经理的关注点必然集中在团队建设上，通过引导团队成员取得卓越表现，以更好地完成企业的各项任务。

一、如何组织会议

（一）会议前的 3 种思考

在组织内部召开会议前，需要思考的关键问题包括是否必要、是否有权决定、是否存在更有效的沟通方式；确定会议规模、时长，考虑减少频率、时间和材料；同时，思考是否可与其他会议合并，通过授权委托解决问题，或者是否加入其他会议更为合适。这个全面的思考过程有助于提高会议效率和资源利用，确保组织内部的有效沟通与协作。

（二）会议原则

1. 减少会议次数

要提高会议效率，首要之策是取消那些不必要的会议。结构复杂、工作小组增多、管理者盲目召开会议而未深思熟虑、专业人才需协作等都是会议频率高的原因。随着技术的变革，这些问题将进一步凸显。对此，在精简、优化会议的同时，也应认真审视组织结构和沟通方式，以提升整体工作效率。

若未采取有效措施，会议的激增将成为常态，而每次会议都可能触发连锁反应，引发更多的后续会议，形成恶性循环。尤其是管理层的会议，会导致下属层级进一步的会议。因此，为重塑有效的沟通与工作方式，应立即停止这种会议数量的快速增加。

2. 充分的前期准备与后续跟进

会议的高效与否取决于准备工作的充分程度，如议程的制定和执行方案准备。缺乏准备可能导致会议陷入即兴发挥，尽管有经验的管理者可能能够应对，但并不能依赖这种偶然性。因此，必须给予充分的准备时间，采用"5W1H"的方法，确保会议高效且达成预期目标。

在准备会议时，应按照"5W1H"的方法进行：首先确定会议的必要性

（Why），检查议题是否符合目的（What），确认场所是否适合（Where），安排好会议时间（When），确定出席人员（Who），最后讨论如何得出符合议题的结论（How）。

3.会议主题明确

会议的目的多种多样，主要涉及问题解决、计划制定、信息传达和利益调整。一个成功的会议需要明确的主题，通常限定在少数几个或一个真正重要的议题上。为确保会议达到预期效果，必须明确会议主持人，分工明确，确保形成可执行的决议，包括行动计划、责任人、完成时间等要素。要避免将会议演变成社交活动，防止随意发言、议题发散，保持讨论集中于主题，确保会议高效有效。

4.做好会议记录

会议记录在管理中起着至关重要的作用，甚至需要做到逐字逐句记录。这种良好的记录习惯有助于释放管理者的思维空间，使其更专注于其他工作，并保持工作的有条理性和责任的明晰性，从而提高整体工作效率。至少应当记录下会议的决议、商议的具体措施、个人承担的责任以及最终的截止期限等关键信息。

二、任务描述

新成立公司的总经理组织企业内部会议。

三、任务要求

（一）做好会前准备工作

一定要做好会前准备工作。

（二）明确会议主题

会议内容：欢迎新成员；阐述经营口号；团队介绍；讨论公司章程。

（三）填写会议纪要

要认真填写会议纪要。

任务四　公司注册

【导读案例】

某中外合资公司（以下简称某合资公司）设立之初，中方股东为 A 公司，外方股东为某国际商务有限公司（以下简称外方公司），其登记机关为 M 市工商局。2010 年 1 月 9 日，A 公司将其在某合资公司中的股权全部转让给了 B 公司。在此次股权转让过程中，尽管 B 公司尚未支付股权转让款，但某合资公司于 2010 年 4 月 19 日仍依法办理了股权转让变更登记手续，将中方股东变更为 B 公司。

2012 年 10 月 25 日，A 公司因与 B 公司的股权转让纠纷，正式向 M 市中级人民法院提起诉讼。在审理过程中，A 公司未采取任何股权保全措施，法院也未向 M 市工商局送达相关的法律文书。根据我国的法律法规，M 市中级人民法院于 2013 年 12 月 21 日做出判决，依法解除了 A 公司和 B 公司之间的股权转让合同。B 公司于 2014 年 3 月 26 日接到判决，经过慎重考虑，决定提出上诉。在此期间，B 公司为确保合资公司的正常运营，经过内部商议和决策，将持有的某合资公司全部股权转让给张某某、王某某二人。并于 2014 年 4 月 4 日正式向 M 市工商局提交变更登记申请。根据省政府相关文件，M 市工商局在办理变更登记时，未要求某合资公司提交审批部门的批准文件，而是依照规定程序进行了直接办理。然而，A 公司对此持有异议，认为某合资公司的变更登记程序存在问题，故提起行政复议，请求依法撤销该变更登记。

【思考】A 公司行政复议理由充足吗？M 市工商局做法是否欠妥？

根据《中华人民共和国公司法》（以下简称《公司法》）的相关规定，设立新公司需要进行一系列的公司注册流程。这些流程包括但不限于：确定企业的法律形式、制定公司章程、进行企业名称预先登记、领取营业执照、刻制公章、开设银行账户以及完成税务登记等环节。每一项步骤都需要严格遵守相关法律法规，以确保公司注册过程的合法性和规范性。

一、公司注册流程

《中华人民共和国公司法》于1993年12月29日经第八届全国人民代表大会常务委员会第五次会议审议通过，此后历经多次修订和修正。首次修正发生在1999年12月25日，第九届全国人民代表大会常务委员会第十三次会议对《公司法》进行了修改。2004年8月28日，第十届全国人民代表大会常务委员会第十一次会议再次对《公司法》进行了修订。2005年10月27日，第十届全国人民代表大会常务委员会第十八次会议通过了修订后的《公司法》。2013年12月28日，第十二届全国人民代表大会常务委员会第六次会议对新修订的《公司法》进行了审议。最新的一次修订发生在2023年12月29日，这次修订是由中华人民共和国第十四届全国人民代表大会常务委员会第七次会议表决通过的，并于2024年7月1日起施行。

根据最新修订的《公司法》规定，我国已将原有的注册资本实缴登记制度改革为认缴登记制度。这一改革旨在放宽市场准入条件，降低企业注册门槛。同时，为了进一步简化公司注册流程，新法还对登记事项和所需文件进行了精简。这一系列的改革措施旨在提高市场活力，促进经济发展。

2016年10月1日起实施的"五证合一，一照一码"登记制度改革，是国务院针对企业创业、发展提出的重要举措。通过整合企业登记证照，简化办理手续，降低创业准入门槛，为企业提供更加便利的服务，有助于激发企业活力，推动创新创业，促进就业增长和经济社会持续健康发展。

"五证合一，一证一照"制度中的"五证"，是指企业的营业执照、组织机构代码证、税务登记证、社会保险登记证和统计登记证。通过实施"五证合一"改革，将这五个证件的注册号统一为一个登记码，标注在营业执照上，从而简化了企业注册流程，提高了行政效率。

根据新修订的《公司法》以及实施的"五证合一、一证一照"登记制度，企业不再需要委托会计师事务所出具验资报告，这无疑简化了注册流程和审批手续，缩短了公司的注册时间。

首先，企业在设立之初，需要确定企业的组织形式，并选择相应的企业类型，进行名称的预先审核。

随后，采取"一表申请、一窗受理、并联审批、一份证照"的办理方式。具体操作步骤如下：企业通过工商网报系统提交《新设企业五证合一登记申请表》，并在审核通过后打印该申请表。同时，企业需携带其他相关纸质资料，前往当地工商局大厅的多证合一窗口进行受理。工商人员将对信息进行核对，一旦确认资料无误，将信息导入工商准入系统，生成工商注册号。并在"五证合一"打证平台生成各部门号码，补录相关信息。此外，工商人员还将对企业材料进行扫描，并与《工商企业注册登记联办流转申请表》一并传递至质监、国税、地税、社保、统计等五个部门。由这五个部门分别完成后台信息的录入工作，最终打印出载有一个证号的营业执照。

最后，企业还需完成银行开户、税务报到、申请税控和发票、社保开户等程序。完成这些步骤后，企业便可以正式开始运营。

（一）确定企业类型

企业组织形式是指企业财产构成、内部分工协作与外部社会经济联系的方式，它体现了企业财产及其社会化大生产的组织状态。

1.个人独资企业

个人独资企业是指由个人独自投资、经营和管理的一种商业实体形式。在个人独资企业中，企业所有权和经营权都由同一位个人拥有和掌握。这种企业形式通常是最简单、最直接的商业结构，适用于个体经营者或小型业务。这种经营形式具有简单灵活的优势，但也意味着投资人需承担潜在的无限责任风险。个人独资企业具有如下特征。

（1）投资主体方面的特征。个人独资企业是一种由单一自然人投资设立的企业形式，与合伙企业和公司在投资主体上存在明显差异。合伙企业法规定合伙企业的投资人可为两人以上，而公司的股东通常也需为两人以上，且涵盖自然人、法人和非法人组织。

（2）企业财产方面的特征。个人独资企业的独特之处在于其财产全部归属于唯一的投资人，即企业的业主。这使得投资人拥有对企业全部财产的绝对所有权，享有对经营与管理事务的完全控制与支配权，免受其他人的干预。

（3）责任承担方面的特征。个人独资企业投资人承担无限责任。

（4）主体资格方面的特征。个人独资企业无法人资格，虽有名称、商号，从事经营和诉讼活动，但不具备独立法人地位。

2.合伙企业

合伙企业是一种经济实体形式，其特点是由两个或两个以上的自然人、法人或其他组织合作共同投资，共同分享企业的收益和承担风险。合伙企业通常依法成立，成员之间通过合伙协议明确各自的权利、义务、投资比例以及利润分配等事项。

在合伙企业中，合伙人之间通常会形成相互合作的关系，共同参与企业的管理和经营决策。合伙企业的形式包括有限合伙和普通合伙，有限合伙中存在有限合伙人和普通合伙人之分，而所有普通合伙人对企业的债务负有无限责任。

（1）普通合伙企业。普通合伙企业由普通合伙人构成，合伙人需对合伙企业债务承担无限连带责任。对于普通合伙人的责任形式，法律有特定规定。成立普通合伙企业的必备条件包括：合伙人数量需超过一个，且每个合伙人需承担无限责任；需要具备书面合伙协议；合伙人必须已实际缴纳出资；必须有确定的合伙企业名称；企业需具备经营场所和必要的经营条件；合伙人必须具备完全民事行为能力；法律、行政法规禁止参与营利活动的人不能成为普通合伙企业的合伙人。

（2）有限合伙企业。有限合伙企业由普通合伙人和有限合伙人构成。普通合伙人承担无限连带责任，有限合伙人则以其出资额为限负责债务。

3.公司企业

公司企业是一种商业组织形式，是由股东出资形成的法人实体。公司企业是在法律上独立存在、具有自主经营权的组织形式。公司企业的特点主要包括股权结构、法人地位以及有限责任等。

在公司企业中，股东通过购买公司的股份来投资，持有相应比例的股权，而公司本身作为法人实体拥有独立的法律地位，能够独立承担责任、拥有财产，并享有独立的经营权。公司企业的有限责任意味着股东的责任通常限制在其投资的范围内，不会因公司的债务问题而影响到个人财产。

（1）有限责任公司。有限责任公司在法律规定下具备一定的法律责任限制，特别是对于股东的责任承担。根据公司法规定，50个以下的股东仅对公司债务以其认缴出资额为限承担责任，而公司本身则以其全部财产对公司债务负有责任。此外，有限责任公司在设立时需符合一系列法定要求，包括拥有符合规定的公司名称、符合有限责任公司标准的组织机构和公司住所。股东还需共同制定公司章程，以明确公司运营的基本规则。

有限责任公司的注册资本构成基于全体股东认缴的出资额，出资方式包括货币和非货币财产。股东有责任按时足额缴纳认缴的资金，其中货币应存入公司银行账户，非货币财产需完成法定的财产权转移手续。公司成立时，股东需指定代表或共同委托代理人向登记机关递交相关文件，进行注册登记。一旦公司成立，股东不得擅自抽逃出资，确保资本的稳定和公司经营的正常进行。

有限责任公司的股东会是公司的权力核心，由全体股东组成，负责决策重要事务。其职权范围广泛，包括制定经营方针、选举董事、审议财务计划、批准利润分配等多方面。股东会分为定期和临时两类，其中定期会议按章程规定定期召开，而临时会议由特定比例的股东或提议的监事等发起，确保公司决策的合法性和透明度。

在有限责任公司中，董事会是管理和决策的核心机构，成员数量通常为三至十三人。董事会负责召集股东会，并由董事长领导，若董事长无法履职，则由副董事长代理，若副董事长也无法履职，则由董事中的多数共同选举一名代替。若公司没有设立董事会，则由执行董事负责召集和主持股东会。

有限责任公司中，当董事会或执行董事未能履行召集股东会的职责时，监事会或无监事会的公司监事有权代为召集和主持。如果监事会或监事未履行该职责，代表十分之一以上表决权的股东具备自行召集和主持股东会权限。

在有限责任公司中，若由两个以上的国有企业或其他国有投资主体共同投资设立，其董事会必须包含公司职工代表；而对于其他有限责任公司，则可以考虑是否包含公司职工代表。这些职工代表由公司职工通过代表大会或其他形式的民主选举产生。董事会通常设有一名董事长，可酌情设立副董事长，其产生和任期由公司章程规定，但每届任期不得超过三年，可连任。

在有限责任公司中，如果董事任期届满未能及时进行新的董事改选，或者因董事在任期内辞职导致董事会成员低于法定人数，原董事在新董事就任前仍需履行董事职责。

在有限责任公司中，董事会的职责涵盖了诸多方面。董事会负责召集股东会，并向股东会报告工作，同时执行股东会的决议。此外，董事会还制定公司的经营计划、投资方案、财务预算和决算方案，以及利润分配和亏损弥补方案等。在公司运营过程中，董事会还负责决定注册资本的增减、债券的发行，以及公司合并、分立、解散或形式变更等重大事项。同时，董事会还有权制定公司的内部管理机构设置、经理的聘任解聘和报酬安排，以及制定公司的基本管理制度等。

在有限责任公司中，经理的设立由董事会决定，而董事会也负责决定经理的聘任或解聘。经理作为公司管理层的重要成员，承担着多项职责。这包括主持公司的生产经营管理工作，执行董事会的决议，制定年度经营计划和投资方案，以及拟订内部管理机构设置方案和基本管理制度等。此外，经理还有权提请聘任或解聘副经理、财务负责人，决定除董事会权力以外的其他管理人员的任免，并行使董事会授予的其他职权。作为公司管理层的一员，经理有权利列席董事会会议，确保公司的高层决策与执行之间的密切协作。

根据规定，有限责任公司中监事会成员数量不得少于三人。对于股东人数较少或规模较小的公司，可以灵活调整监事会成员数量，甚至选择不设立监事会。监事会的组成必须包括股东代表和一定比例的公司职工代表，确保员工在公司治理中发挥一定的作用。监事会中的职工代表由公司职工通过民主选举产生，其比例由公司章程规定。董事和高级管理人员不得兼任监事，以确保监事会的独立性和客观性。监事的任期为每届三年，届满后可以连任，保证监事队伍的稳定性和持续性。

监事会主席由过半数的监事选举产生，负责召集和主持监事会议。在主席无法履行职务或不履行职务的情况下，监事会的半数以上成员有权共同推举一名监事代为召集和主持会议。当监事任期届满未及时改选或者监事在任期内辞职导致监事会成员低于法定人数时，原监事在新监事就任前仍需依法履行监事职责。

监事会及不设监事会的公司的监事拥有广泛的职权范围。他们可以检查公司财务，监督董事和高级管理人员履行职务，并对违法行为提出罢免建议。在董事和高级管理人员的行为损害公司利益时，监事有权要求其纠正。监事还可以提议召开临时股东会，或在董事会未履行召集职责时召开和主持股东会。此外，他们有权向股东会提出提案，按照法律规定提起诉讼，以及行使公司章程规定的其他职权。

监事在公司治理中有一定的主动参与权，可以列席董事会会议，并对其决议提出质询或建议，以确保决策的合理性和透明度。监事会至少每年召开一次会议，监事还有权提议召开临时监事会会议，以应对特殊情况。为保障监事履行职责的顺利进行，公司需要承担监事会及监事行使职权所需费用，以维护公司治理机构的正常运作。

一人有限责任公司是指只有一个自然人或法人股东的有限责任公司。这种公司的章程由股东制定，不设股东会。每年底需编制财务会计报告并由会计师事务所审计。在一人有限责任公司中，股东若无法证明公司财产独立于个人财产，需对公司债务承担连带责任。此外，规定一个自然人只能投资设立一个一人有限责任公司，防止滥用这种公司形式。

国有独资企业是由国家单独出资设立的有限责任公司，由国有资产监督管理机构代表出资人履行职责。这类企业不设股东会，其职权由国有资产监督管理机构行使。机构可以委托董事会行使一部分职权，但涉及公司的重大事项，如合并、分立、解散、注册资本的变更和发行公司债券等，必须由国有资产监督管理机构决定。对于国有独资公司的重要事项，需要经过审核并获得本级人民政府的批准。

（2）股份有限公司。在股份有限公司中，股东对公司的责任以其认购的股份为限，而公司对债务承担责任则涉及全部财产。公司的设立可以通过发起设立或者募集设立两种方式进行。发起人需在两人以上但不超过两百人，其中半数以上必须在中国境内有住所，并承担公司筹办事务。注册资本的确定根据设立方式不同，发起设立以全体发起人认购的股本总额为准，而募集方式则以实收股本总额为注册资本。

在发起人向社会公开募集股份的过程中，必须经由合法设立的证券公司进行承销，并签署相应的承销协议，同时与银行签署代收股款协议。一旦完成股款缴足，还需要合法设立的验资机构进行验资并提供相应证明。为确保公司设立的正常进行，发起人需要在股款缴足后的30天内组织公司创立大会，该会由发起人和认股人共同参与。

创立大会是公司设立过程中的关键环节，发起人需提前15天通知认股人或公告会议日期。为确保合法性，创立大会必须有过半数股份的发起人和认股人代表出席。会议行使多项职权，包括审议筹办情况报告、通过公司章程、选举董事和监事会成员、审核设立费用和抵作股款财产的作价，以及在不可抗力或经营条件重大变化的情况下作出是否设立公司的决议。对这些事项的决议需获得出席认股人所持表决权过半数通过，以确保决策的合法性和广泛共识。

在创立大会结束后，董事会需在30天内向公司登记机关递交相关文件，以完成公司的设立登记程序。

股份有限公司成立后，若发现非货币财产价值低于章程规定，应由提供该财产的发起人补足差额，其他发起人则需连带承担责任。发起人还须承担设立失败时的债务和费用连带责任，对已缴股款的认股人返还资金并加上同期银行利息，以及在设立过程中因发起人过失导致公司损失的赔偿责任。这些责任规定旨在维护公司设立的公平和合法，保护认股人利益，促进公司设立过程的诚信和透明。

股东大会作为公司的权力机构，承载着重要的决策职责。根据相关法规，公司应当每年召开一次股东大会，同时，当特定情形出现时，必须及时召开临时股东大会以处理相关事务。这些情形涵盖了董事人数不足规定比例、公司遭受严重亏损、持股比例达到一定比例的股东提出要求、董事会或监事会认为必要等各种情况。

股东大会会议由董事会召集，且主持人顺序为董事长、副董事长，或由董事会多数董事推选一名董事代理主持。每位股东的表决权与其持有的股份数量成正比，但公司自持股份则不具备表决权。

股份有限公司的董事会构成灵活，成员数量在5至19人之间，包括董事长和可能的副董事长。其选举方式以董事会过半数决定，确保领导层的多元化和代表性。董事会每年至少召开两次会议，保障定期决策和沟通。此外，股东、董事或监事会有提议权，促进了灵活应对紧急情况的能力。董事会的决议表决实行一人一票，确保了公平和民主的决策过程。

监事会成员至少为三人，其中必须包括股东和公司职工代表，以确保代表多方利益。公司职工代表的产生通过民主选举，增强监事会的独立性和公正性。监事会主席和副主席由监事过半数选举产生，职责包括召开和主持会议，有效履行对公司管理层的监督职能。董事和高级管理人员不得兼任监事，确保了监事会的独立性。公司对监事会行使职权所需费用的承担，表明公司对监事会职能的支持，有利于促进监事会的有效运作。

（二）名称审核及其他相关信息

1.名称审核

企业名称的选择对企业的命运有着深远的影响。一个精心选定的企业名称能够在内部凝聚企业文化，外部打造良好形象，并成为企业重要的无形资产。在企业创立初期，为企业挑选一个出色的名称至关重要。一个优秀的企业名称常常包含行政区划、字号、行业特点和组织形式等四个部分，这些元素共同构筑了一个富有内涵和独特特色的企业标识。例如：

齐齐哈尔（齐齐哈尔市）＋太平洋＋科技＋有限公司。

企业名称的构建需要注意多个关键要素。字号的选择至关重要，建议采用三个以上的汉字，以降低重名概率。行业特点的体现应与企业主营业务相符，例如，科技可作为行业特点之一。组织形式通常为有限公司。对于分支机构，其名称规范要求冠以主办单位的全称，例如"齐齐哈尔太平洋商贸有限公司XX分店"。

企业在选择名称时必须遵循一系列规定，确保名称不包含可能损害国家、社会公共利益、具有欺骗性或可能引起误解的内容，也不得使用外国国家（地区）或国际组织的名称。在实际申报过程中，建议企业提前准备五个以上备选公司名称，以确保在工商局核名阶段有足够的选择余地，从而提高申报成功的机会。

2.其他相关信息

核名通过后,确认注册地址、经营范围、高管信息,在线提交预申请。

(1)注册地址。即公司在法律文件中注册的物理地址或法定地址。这个地址通常是公司办公地点,也是公司法律上的主要联系地址。公司注册地址在商业登记簿和法律文件中都有记录,用于法律通讯和行政事务。城市注册地址要求各异,遵循当地工商局规定。

(2)经营范围。公司的经营范围是指公司可以从事的业务、活动或服务的范围。这一信息通常在公司的法定文件,如营业执照、章程或注册文件中明确规定。经营范围的具体表述可以包括多个方面,如业务类型、产品或服务描述,以及可能的地理范围。

在制定经营范围时,公司需要确保其描述准确、清晰,并符合当地法规和法律要求。这有助于明确公司的核心业务,同时也为未来的业务拓展提供了一定的灵活性。部分经营活动需经行政许可部门审批许可文件方可进行。常见需求包括:设立农药、种子、粮食收购、兽药生产及经营、牛羊畜禽屠宰企业等。

(3)高管信息。高管是工商局登记的公司管理人员,通常由核心创始人或大股东担任,以增强公司管理控制。①董事会由董事和董事长组成,负责公司经营活动的指挥与管理,向股东会或企业股东大会负责。董事长是公司最高领导者,负责组织、协调和代表,但在董事会开会时才有投票权。初期可只设立执行董事,代行董事会职责。②法定代表人代表公司意志,由董事长、执行董事或经理担任,对公司的所有行为和结果负责。③监事行使监督职能,必须单独人选,不能由董事或经理兼任。

(三)制定公司章程

公司章程是公司内部的法定文件,它规定了公司的组织结构、管理机构、股东权益、公司治理、经营活动等方面的基本规定。公司章程通常由公司创始人或股东在公司设立时制定,并在注册过程中提交给工商行政管理机关备案。

公司章程的核心内容通常包括：①公司名称和注册地：公司的正式名称以及注册地点。②公司的业务范围：公司可以经营的业务范围和领域。③股本和股东权益：公司股本的组成，股东的权益、股权结构以及股东的权利和义务。④董事会和高级管理层：确定公司管理层的构成，包括董事会的设立、董事和高级管理人员的任职和权责。⑤公司治理结构：定义公司治理的结构，包括股东大会、董事会、监事会等机构的职责和权利。⑥财务和会计制度：规定公司的财务和会计制度，包括财务报告的编制和审计程序。⑦公司解散和清算：规定公司解散的条件和程序，以及清算过程中的相关事宜。

公司章程是公司运营的基本规范，对于公司内部组织和外部法律遵循都具有重要的作用。修改公司章程通常需要股东大会的决议，并依法向工商行政管理机关报备。

（四）入资、开立验资账户

股东需要携带入股资金、公司章程、核名通知、法人代表章、身份证、验资资金、空白询证函到银行开设公司账户，同时告知银行关于验资的账户。开户后，股东按照出资额将相应资金存入账户，银行会发放缴款单并在询证函上盖章。随后，银行会打印当日对账单，并在上面盖上银行专用章。

（五）"五证合一"办理营业执照

新的"五证合一"办证模式简化了企业注册流程，实现了"一表申请、一窗受理、并联审批、一份证照"的便捷办证。办证人可通过工商网报系统申请。申请通过后打印《新设企业五证合一登记申请表》，并携带其他资料前往工商局办理窗口。经过工商人员核对确认后，信息将导入系统，生成注册号和相关部门号码，并同时传递至相关部门进行信息录入。最终，办证人可获得携带统一证号的营业执照。这一流程简化了办证手续，提高了办证效率，为企业注册提供了更便捷的服务。

（六）领取营业执照

申请材料受理后，获《受理通知书》或《准予登记通知书》，按提示时间到工商局领取营业执照。

（七）刻章、税务登记

公司注册后，办理公章、合同章、财务章的刻制是必不可少的步骤。前往公安局刻章社携带指定文件进行办理。同时，需办理组织机构代码证，提供营业执照副本、单位公章、法人代表身份证等文件。另外，为了日常财务管理，公司还需到税务局进行发票申领。这包括携带身份证、印章，填写相关表格，并购买税控盘。

（八）开立基本账户、划资

完成营业执照注册后，企业需要前往工商局划转资金窗口，办理相关划转手续。随后，携带取得的营业执照到入资银行，将注册资本划转至企业基本账户。在办理划资过程中，需要准备多项材料，包括营业执照、银行开户许可证、交存入资资金报告单等。

二、任务描述

（一）制定公司章程

企业在设立过程中，通过内部会议讨论制定公司章程，这是设立公司的主要前提和重要文件。按照我国《公司法》规定，公司章程的订立是设立公司的必备条件，审批和登记机关对公司章程进行审查，决定是否批准设立登记。公司章程的存在是确保公司设立合法性的关键，无公司章程将阻碍获得批准和登记。

有限责任公司章程是股东共同制定的重要文件，规定了公司的基本运作机制和各方权利义务。其核心内容包括公司基本信息、股东权益、经营范围、资本结构、管理机构以及解散清算等事项。章程的修改须经过多数股东同意，确保公司治理的稳定性和公平性。

股份有限公司章程是一份关键文件，明确了公司的基本运作机制和各方的权责。其中包括公司的基本信息、股本构成、管理机构设置和职责、利润分配方式等关键内容。章程的制定有助于确保公司治理的透明度和稳定性，同时为股东、董事会、监事会等各方提供明确的法律依据。通过明确规定解散与清算办法等事项，为公司未来可能面临的情况提供了有效的处理机制。

经分析，导读案例中的行政复议案，除正确处理法与政策关系外，还需研究公司章程在工商登记中的作用。

《公司法》第七十一条第四款明确了公司章程对股权转让的约束力，要按照章程的规定执行。某合资公司的章程规定了股东向第三方转让资金需要经过董事会一致通过和原审批机关批准。同时，章程还规定了股权变更需经过批准程序。因此，对于某股权变更，必须遵循公司章程的特别规定。

A 公司行政复议理由充足吗？充足。股东会议记录显示全体股东同意章程并提交至 M 市工商局备案，章程真实具法律公示力。

M 市工商局做法是否欠妥？根据《公司登记管理条例》第二十七条第三款，变更登记需提交批准文件。第八十二条规定，外商投资公司适用本条例，如有特定规定则从其规定。中外合资企业转让股权需遵守《中外合资经营企业法实施条例》的特殊规定。

《中外合资经营企业法实施条例》第二十条明确规定了合资企业中一方向第三者转让股权的程序，要经另一方同意和审批机构批准，否则转让无效。某合资公司章程与法规规定一致，要求股东转让资金需报批准，不与法律抵触。根据《公司法》第十一条，公司章程在不与法律抵触的前提下对全体股东具有约束力。

股东在公司章程中明确约定需向审批部门履行审批程序，符合法律规定且体现了股东的自治约定。在处理相关登记时，工商机关应当正确对待，科学把握情况，根据法律和章程规定恰当处理，以确保登记程序的合法性和规范性。

公司章程作为一种自主制定的行为规范，由股东合意制定，对公司、股东和经营管理人员具有约束力，是维护公司内部秩序的重要规则。随着 2005 年《公司法》的修订，股东在公司章程中被赋予更多的自治权利，强调了公司治理的灵活性和参与度。

公司章程的自治特征在于其多样性和灵活性。在合法的框架内，各家公司可以根据自身情况制定适用的治理制度和政策，以确保公司经营的自由度和灵活性。

我国对公司章程的制定、内容和修改程序进行了法律上的强制性规定，明确规定了公司章程必须符合《公司法》的规定，修改必须依法由有修改权限的机构履行法定程序，并通过登记机关备案方能生效。特别是在公司经营范围的规定和修改方面，《公司法》第十二条规定了明确的程序，强调了法律对公司治理的总体引导，同时公司章程在执行中的具体规范。

《公司法》第二十二条第二款规定赋予了股东对公司章程违规行为的撤销权，当股东会、股东大会或董事会在召集程序、表决方式或决议内容上违反公司章程时，股东有权在决议作出之日起60日内向人民法院请求撤销。这一规定强调了公司章程在公司登记中的关键地位，为确保公司决策程序的合法性和规范性提供了法律保障。

《公司登记管理条例》对公司章程的合法性进行了明确规定。若公司章程违反法律法规，登记机关有权要求公司作出相应修改，并要求提交由法定代表人签署的修改后的章程或修正案。这一监管机制通过工商登记机关的审查，旨在确保公司章程符合法规，维护公司治理的规范性。这反映了我国对公司章程的监管目的，以确保公司内部规范运作和遵循法规的合法性。

在法规与政策不一致的情况下，工商登记机关应当严格依法行使职权，尤其对于体现股东自治且合法有效的公司章程，应给予充分尊重，进行审慎审查，并积极履行法定监管义务。这突显了法律规定公司章程向工商机关提交或备案的重要性。

（二）到工商局进行名称审核

企业名称在企业生存发展中具有关键性作用。一个精心选择的企业名称不仅能够内化企业文化，外塑企业形象，更能成为无形资产的重要组成部分。著名的企业名称往往代表着企业的信誉和价值，为企业赢得了更广泛的认知和信任。

(三）办理验资证明

积极办理验资证明。

(四）办理工商注册

积极办理工商注册。

(五）刻章及印章管理

办理单位印章需携带：《营业执照》副本及复印件，法人代表、经办人身份证原件及复印件，法人代表授权刻章委托书。

(六）税务登记备案

进行税务登记的流程包括到税务登记机关窗口提交一系列必要资料，如营业执照、法人代表身份证、财务人员身份证、公司章程、房产证明或租赁协议等。接着，前往企业所在区的税务部门进行资料补充录入，最终完成整个登记过程并申领发票。

(七）开立基本存款账户

企业在办理验资证明时开设的临时存款账户可随后变更为基本存款账户。办理过程中，单位总经理或行政助理人员需携带企业营业执照正、副本，法人身份证，以及经办人身份证前往银行。在银行柜员核实账号后，便完成了基本存款账户的开立。

(八）开立社会保险账户

社会保险登记作为社会保险制度的基石，是确保社会保险费征缴有效运行的关键步骤。企业单位行政主管在办理社会保险开户时需携带必要证件，随后由社保局专员填写单位社保信息并颁发社会保险登记证号，最终实现资源的有序归档管理。

（九）开立住房公积金账户

住房公积金制度以法定的形式构建了一套强制性、互助性和保障性的住房社会保障机制。在办理开户手续时，单位需履行多项程序，包括行政主管填写委托书、携带证件，填写单位信息登记表，并通过公积金专管员的审核生成单位登记号，最终实现相关信息的有序归档管理。

（十）签订代发工资协议书

代发工资协议书是单位与开户银行就代发工资事宜达成的正式协议，确保了工资发放的准确性和及时性。在签订过程中，单位的行政主管或行政助理将事先准备好的协议提交给银行审核，经双方签字盖章后生效。

（十一）签订同城委托收款协议

同城委托收款协议是为了便利单位代收住房公积金、社会保险等款项而签订的协议。委托单位需向开户银行申领代收合同书，并填写相关协议内容。该协议的签署需要单位领导或行政主管的授权，并经过银行审核后生效。

（十二）个人银行开户

在个人银行开户过程中，身份证明是必备的核心材料，需要提供原件和复印件，同时还需要提供详细的居住地址和联系方式等信息。对于单位的每一位职员来说，他们需要亲自前往银行办理开户手续，并凭借身份证取得相应的银行卡。

项目三　期初建账

【知识目标】

熟悉企业日常会计核算工作。

掌握财务预算的方法。

掌握主生产计划的方法。

【能力目标】

读懂企业各工作岗位的期初数据。

掌握各工作岗位的期初建账方法。

【导读案例】

当我们踏入公司，接手新的工作任务时，首要任务是什么？显而易见，我们需要对企业进行深入了解。那么，具体来说，我们需要探究企业的哪些方面呢？

刚毕业的小王成功获得了某公司的会计岗位工作机会，在正式开始工作之前，他深入研究了企业的多个方面：首先，关于企业的基本性质，包括成立时间、注册资本、主营业务以及所有权形式。有时仅凭企业名称来猜测其规模，但这并非总是准确，还需结合其他信息进行综合判断。企业的成立时间在一定程度上反映了其历史深度，历史悠久的公司往往更为稳定，而新成立的公司则可能伴随较高的风险但也可能蕴含更大的发展潜力；其次，企业的经营状况也是重要的考察点，涉及业务领域、业务模式、业务流程、业务覆盖区域以及业绩表现等。这些信息能帮助我们对企业经营内容有更深入的了解；此外，对于企业的人事情况也需要关注，包括员工规模、领导层背景、组织架构、人员素质结构以及人员流动状况等；再者，企业的财务状况也是评估企业实力的重要依据，涉及资产规模、负债状况以及盈利能力等，通常可以通过财务报告来了解；最后，企业的发展愿景同样重要，包括战略规划、企业文化等元素。

【思考】小王的了解是否全面？他在工作之前还需要读懂哪些信息？

任务一　读懂期初数据

【导读案例】

某公司自2003年成立以来，一直致力于建材项目的经营。然而，该公司存在账簿不健全的问题，给公司的财务管理带来了极大的不便。为了解决这一问题，公司建立了一套外账，但一直未能建立一套完善的内账。这使得公司股东及管理层无法全面了解公司的资产负债状况和各年度的营利亏损状况。为了提高公司的财务管理水平，确保公司资产的安全和完整，公司一直计划建立一套完善的内部账。

经过了解，我们得知该公司的基本情况如下：

1.该公司成立时间较长，具有丰富的行业经验和稳定的业务基础。

2.股东人数较多，不同的利益取向可能会对公司的决策和发展产生一定影响。

3.该公司的经营业绩较好，具备较强的盈利能力和市场竞争力。

4.该公司的资产、负债等情况较为复杂，需要认真梳理和评估风险。

5.公司领导对会计核算的要求较高，要求能及时、准确地提供各类核算数据，以确保公司财务管理的规范化和精细化。

在此情况下展开建账工作，要求具备较高的专业素养、丰富的实践经验以及高度的耐心和细致程度，同时需投入大量时间和配合相应条件。该公司原有现金、银行收支、营业台账、合同等账表，由出纳人员进行登记。若从公司成立之时的2003年着手建账，并追补10年的内部账，不仅工作量巨大，而且出错概率亦较高。因此，公司领导层决定自2013年1月1日起建立并登记内部账。

对于会计工作而言，建立账目的时间可因实际情况而定。但自2013年开始建账，必须具备期初数据，该公司在此方面有所欠缺，因此需对期初数据进行整理。在此基础上，进行账目编制，而非简单地从2013年开始，忽视期初数据，按期登账。

关于现金及银行存款科目余额，可依据原有出纳账数据，获取期初数以进行记账。至于存货项目，应进行一次全面盘点，并结合2013年的购销情况，计算出准确的期初数。固定资产亦需进行盘点，并依据盘点情况和2013年的购销数据，推算出期初数值。

至于股东投资部分，应根据原始投资数额录入数据，确保数据的准确性和完整性。

在往来账目管理中，需根据购销合同、收支台账及业务人员的说明等资料，系统整理出期初数据。之后，需编制试算平衡表，以准确反映资产与负债之间的差额，即所有者权益。再进一步，通过减去年初股东初始投资，即可得出公司的未分配利润。此流程确保了财务数据的完整性与准确性。

【思考】没有期初数据可以建账吗？如何建账？

《会计基础工作规范》第三十六条对会计核算提出了明确的基本要求，强调各单位应依法建账，即按照国家法律规定建立合法、真实、准确、完整的会计账册，进行及时的会计核算。这一规定强调了会计工作的合规性和基础性，对于确保财务信息的准确性和透明度具有重要意义。规范还指出，对于那些不具备建账条件的单位，应采取代理记账的方式，以确保会计工作的正常运转。

期初建账在企业管理中具有重要性，第一，通过建账可以明确公司运营的起点，为未来的经营提供清晰的时间节点；第二，建账有助于清理企业实际拥有的资源，为合理利用提供依据；第三，建账过程中对公司业务的梳理有助于更好地管理和优化业务流程；第四，通过建账可以深入了解企业运营的环境和规则，为制定合适的经营策略提供支持；第五，期初建账使得岗位人员能够熟悉业务流程和对象，提高整体工作效率。

某佳童车厂是一家童车生产企业，其生产流程涉及七个关键部门：企管部、财务部、人力资源部、采购部、仓储部、生产部和营销部。生产流程通常以销售为起点，销售预测确定后，生产部门制定生产计划，采购部门负责采购所需材料，生产部门完成生产任务后将产品移交给仓储部门，最终由营销部门负责销售。在新员工入职的十月份之前尚未完成的业务属于期初数据，这些数据对于企业的运营和管理具有重要意义，需要在会计核算和管理决策中得以充分考虑。

一、读懂企管部期初数据

（一）总经理读懂期初数据

总经理是公司领导层中的关键角色，其职责涵盖了多个方面。首先，总经理需要向董事会负责，全面组织实施董事会的决议和规定，同时完成各项指标并及时向董事会报告。其次，总经理要根据董事会的要求确立公司的经营方针，并建立有效的经营管理体系，为其运行提供充足的资源。在日常工作中，总经理负责主持公司总经理办公会议，协调、检查和督促各部门的工作。他还需要根据市场变化灵活调整公司的经营方向，确保公司在竞争激烈的市场中持续发展。其他职责还包括负责人力资源的开发、管理和提高，确定公司的年度财务预算、决算方案、利润分配方案和弥补亏损方案，以及负责公司组织结构的调整，确保公司持续健康地发展。

以某佳童车厂为例，总经理需了解企业相关信息。

1.某佳童车厂经营方针及目标

公司在深入分析了经营中的SWOT（优势、劣势、机会和威胁）因素后，根据当前行业竞争的形势和趋势制定了明确的经营方针。以童车厂为例，其2021年经营方针强调了"灵活策略赢市场，加强管理保利润"。这一方针的目标包括实现销售收入达到3250万元，利润达到450万元，同时要求权益增长5.6%。

2.童车市场分析

（1）市场概况。童车市场涵盖多种品类，包括婴儿手推车、学步车、脚踏车、电瓶车和自行车等。根据相关数据，中国婴儿车行业市场规模在过去几年中持续增长，从2015年的64.4亿元增至2020年的89.2亿元，增幅达到约38%。尤其在2018年，市场规模单年增长达到约14.6%。

根据产业分布情况，我国童车生产企业主要聚集在江苏昆山、浙江平湖、河北平乡、广宗、广东中山和南海等地，同时湖北汉川、福建、安徽等地也有一定的童车产业份额。这说明童车产业在特定地区形成了一定的集聚效应，同时也反映了童车市场的竞争格局仍然激烈。

（2）市场定位。童车市场的发展已经经历了从奢侈品到必需品的转变，尤其是在农村市场销售形势良好。统计数据显示，全球有超过 8 亿名 6 岁以下的儿童，这意味着童车市场的潜力巨大。为了抢占更大的市场份额，需要调动各种资源，加大对经济型童车的生产力度，特别是在农村市场进行更为积极的布局和推广，满足不断增长的需求。

（3）经销渠道。我国儿童用品销售正经历传统分销方式和新媒介渠道的并存阶段，其中网络销售逐渐崭露头角，例如某婴网等。鉴于这一趋势，公司应在紧握传统分销渠道的同时，逐步拥抱新型行销模式。

（4）产品定价。根据童车厂当前状况和市场需求，现有产品及未来研发产品的定价策略如下（图 3-1）。

产品类型	价格/元
经济型童车	660
舒适型童车	待定
豪华型童车	待定

图 3-1　产品及待研产品定价

（5）市场份额预估。根据历史经营分析，今年预计份额达 80000 辆，包括现有订单及市场开拓。

3.生产策略

（1）设备要求。童车生产设备是我国制造业的一个重要领域，其主要包括普通机床、数控机床以及组装生产线。这些设备在童车生产过程中起着至关重要的作用，它们的高效运行是保证童车产量和质量的关键。

据了解，目前该童车厂所拥有的童车生产设备包括 10 台普通机床和 2 条组装生产线。这些设备在很大程度上能够满足该童车厂上半年的生产需求。然而，随着市场需求的不断增长，该童车厂意识到现有的机械设备在未来的生产中可能无法完全满足需求。

为此，该童车厂计划在 2021 年 10 月以后新增一台数控机床，以提升产能。这将有助于该童车厂更好地应对市场的变化，满足不断增长的市场需求。此外，该童车厂还应密切关注市场动态，适时调整生产策略，以确保设备利用率和生产效率的最大化。

生产部、采购部、仓储部工作安排			
考核指标 生产计划部：生产计划完成率、设备利用率、产品完工率 采购部：采购计划完成率、材料紧急采购数量、材料库存成本降低率 仓储部：存货周转率、仓库盘点账实相符、仓储费用预算完成率			
主要工作	具体方案	进度安排	责任人
安全生产	加强机械操作规范培训和教育，严格实施定期检查，排查安全隐患，保证全年无重伤、无重大生产设备事故发生	常规工作	叶某、周某、孙某
保证设备维修质量，提高运转效率	及时检查设备，及时整修、维修，保证设备正常运转，减少不必要耗时，提高产量	每月定期检查、维修	叶某、周某、孙某
保证产品质量	加强产品研发、改善工作，提高产品合格率	常规工作	叶某、周某、孙某
完善制度，明确职责，按章办事	采购部人员合理分工，做好自己本职工作的同时，协同他人一起做好采购部工作；公开公正透明，实现公开询价	2011 年 1 月	李某、付某
完善供应商信息	健全并完善供应商档案，改进供应商的选择机制，在结算方式上加强控制，争取与供应商达成月结协议，最大限度地保证公司资金运转	2011 年 2 月至 5 月	李某、付某
加强对材料、设备价格信息的管理	对每次材料、设备采购计划、询价都要做好留底，保持资料的完整性，建立原材料、设备信息库，以备随时查询、对比	2011 年 6 月至 9 月	李某、付某
采购及时，成本有效控制	保证采购工作有序进行，满足生产、经营的要求	全年	李某、付某
部门管理工作	合理分工，完成部门工作绩效，依公司经营要求及运作体系制订本部门季度、月度工作计划	常规工作	何某、王某
完善制度	编制仓储制度及"7S"卫生责任区域规划和稽核，完善仓储工作环境	2011 年 1 月至 3 月	何某、王某
仓库物品管理	对仓库库存的物料依据先进先出原则，以保护原料；依据生产物料需要，及时组织实施、协调配合	常规工作	何某、王某

图 3-2　生产运营安排

（2）设施要求。该童车厂当前拥有的一座厂房和一座仓库，分别是生产环节和存储环节的重要基础设施。然而，根据市场预测，下半年我国市场需求可能对该童车厂现有的厂房和仓库的容纳和吞吐能力带来严峻挑战。为了确保生产与存储的顺利进行，该童车厂需要根据实际经营状况，及时调整生产设施布局,考虑新建或租赁厂房和仓库以应对市场需求的增加。

(3)原材料、生产工人的要求及供应渠道。公司在原材料采购方面主要依赖于已有的供应商,并通过积极的市场调研、完善供应商信息、建立价格数据库等手段,实现多方询价,以更有效地控制甚至降低生产成本。此外,为适应产量的变化,生产工人则通过人才服务公司的渠道进行招聘,实现更灵活的用工管理。

(4)质量管理、包装、运输要求。

①质量管理。公司为了确保童车产品质量达到国家认证标准,需要遵循相关规定,包括《玩具类产品强制性认证实施规则》和《儿童推车安全要求》标准。这涉及原材料选择、生产加工、产品性能等多个方面的要求。为了提升内部管理水平,公司还需加强质量管理体系的建设,降低残次品率,以达到提高产品质量的目标。

②包装。公司选择使用 PE 薄膜制品作为内防护包装材料,同时注重选择绿色无污染的包装材料。为了确保材料质量,公司采取了感官检测、抖动检测、火烧检测、用水检测等多种方式,以严格监控和保证包装材料的高质量。

③运输要求。为了提高童车在运输中的保护性能,公司选择采用五层纸箱作为外包装,并强调纸箱必须通过相关标准测试,以确保其质量和耐久性。

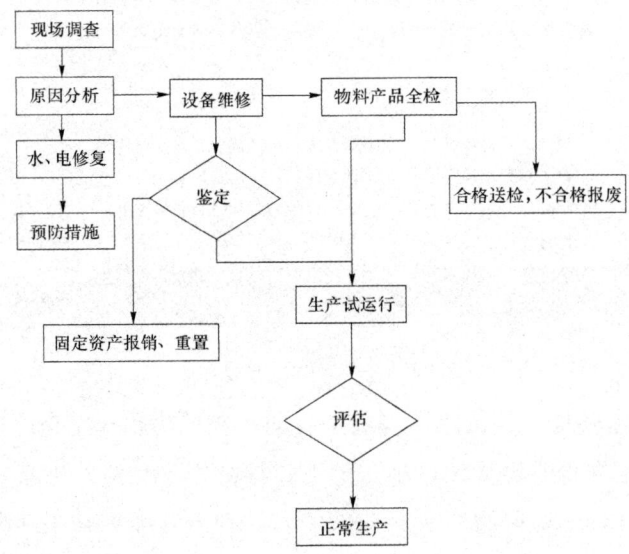

图 3-3　意外风险防范流程

（5）生产运营安排如图3-2所示。

（6）意外计划。公司的意外计划旨在面对意外事故、安全生产事故或无计划通知导致的停产情况时，能够有条不紊地组织生产活动，快速恢复生产能力。图3-3所示为意外风险防范流程。

4.销售策略

（1）行销媒介选择与广告投放。加大广告投放，强化品牌塑造，实施童车厂广告的立体作战计划。

图3-4所示为广告投放策略。

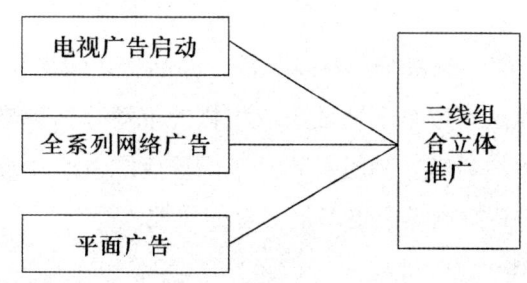

图3-4　广告投放策略

公司可通过综合利用不同广告渠道，实施多元化的推广策略。电视广告聚焦于核心产品（经济童车），旨在打造该产品的独特品牌形象。全系列网络广告则通过活动推广，提高品牌知名度和美誉度。平面广告以软文形式传递信息，努力让更多家长认识到童车是宝宝成长中不可或缺的必备品。这一全方位的广告宣传战略有助于巩固品牌地位，拓展市场份额，同时满足了不同消费者的获取信息渠道和喜好。

（2）产品特点及市场竞争分析。

①舒适型童车特点：以舒适、透气、耐磨为特色，设计考虑了座椅高度，避免宝宝呼吸到地面灰尘。产品具备灵敏的道路推行和后轮防翻转等功能，同时配置安全背带、可调节靠背等多项保护性设计。产品特点包括超大遮阳篷、高效防紫外线、90%以上的震动吸收效果，整车可拆洗且手柄可调节。价格优惠，主要服务于普通消费群体。

②豪华型童车特点：以舒适、透气、耐磨为特色，注重细节设计，包括座椅高度避免灰尘、完美道路推行、后轮双制动、五点式安全背带等。产品

人性化设计包括手柄可调节、折叠展开、靠背多角度调节等。考虑了夜间安全，储物篮设有反光带。数控系统和90%以上的震动吸收效果体现了高科技水平。产品强调从婴儿和父母双重角度出发，主打高功能、高人性化，面向高消费群体。

③企业竞争分析：在当前的婴儿手推车市场中，该企业的产品在与排名第一的品牌进行对比时，展现出了明显的价格优势。在产品质量和性能方面，该企业的产品与前者相差无几，甚至在某些方面还略有胜出。然而，该企业必须认识到，车重这个问题需要进一步改进，以满足消费者对于轻便、易携带的需求。

在市场份额方面，该童车厂与排名第一的品牌之间也存在着一定的差距。为了缩小这一差距，该童车厂需要采取积极的市场开拓策略，通过广泛宣传和推广，提升品牌知名度。同时，该童车厂还应注重产品形象的建设，以高品质、高性能的产品特点吸引更多消费者的关注。

（3）销售安排（图3-5）。

市场营销部工作安排表			
考核指标 主营业务收入、广告产出比、销售增长率、产品市场占有率			
主要工作	具体方案	进度安排	责任人
销售团队组建、培训	进行合理化分配销售资源，提升销售人员销售技能	2011年1月	杨某
积极拓展市场，争取达到850万元的销售额	积极开拓市场，发掘新的客户渠道与销售模式，制定完善的市场体系； 稳固老客户，保持联系，稳定和提升市场占有率； 加强业务学习，开阔视野，采取多样化的学习方式； 及时总结，改正失误，正确把握方向	2011年2—5月	杨某、马某、刘某
加强团队管理，完善销售模式，促进业绩完成，争取完成业绩900万元	2011年6月，完成350万元；2011年7月，完成350万元；2011年8月，完成350万元；2011年9月，完成350万元；2011年10月，完成350万元；2011年11月，完成350万元；2011年12月，完成300万元	2011年6—12月	杨某、马某、刘某
年终销售工作总结	总结一年的销售情况，提炼经验，总结失误	2011年12月	杨某、马某、刘某

图3-5 销售安排

（4）预计成效。预计成效意味着在广告推广和产品销售之间实现协调和同步，提升广告的实际效果，以按时实现销售目标。

5. 组织与人事策略

主要工作进度安排如图 3-6 所示。

企管部、人力资源部工作安排表			
考核指标 企管部：净利润、总资产利润率、净利润增长率、经营计划完成率 人力资源部：人力资源费用预算达成率、单位人力成本产出率			
主要工作	具体方案	进度安排	责任人
完善公司企业管理制度	保证公司的运营在既有的组织架构中运行；实现绩效评价体系的完善与正常运行，并保证与薪资挂钩，从而提高绩效考核的有效性	第一季度完成初稿，试运行，逐步完善；年中确定实施	总经理、总经理助理
建立内部纵向、横向沟通机制；强化日常企业管理	建立民主评议机制，加强跨部门、跨业务流程的交流与合作，减少误解，提高组织运营效能	第一季度成型，试运行，逐步完善；年中确定实施	总经理、总经理助理
经营计划制订与控制	组织市场调研，合理布局资源，提高企业效益	每月调查，适时调整经营策略	总经理、总经理助理
资格认证	3C、ISO 9000、ISO 14000 认证	分季缴纳	总经理、总经理助理
档案管理	完善档案管理机制，提升管理技能	随时	总经理、总经理助理
企管部自身建设	完善部门组织职能，提高部门工作质量	随时	总经理、总经理助理
人力资源招聘与配置	以人才服务为中心，兼顾网络、现场、猎头、报刊等其他方式	生产工人一周内填补用人需求，职能部门两周内填补空缺岗位	人力经理、人力经理助理
薪酬管理	积极进行薪酬调查分析，完善薪资体系	每月 25 日发放上月工资，季度奖金于下一季度第一月核算并随当月工资一并发放	人力经理、人力经理助理
绩效考核实施与评估	完善绩效考核制度，达到以绩效激励员工的目的	季度初组织工作计划安排，季度末进行结果评估	人力经理、人力经理助理
员工培训与开发	根据公司整体需要和各部门需要组织培训，做好新员工入职培训	新员工组织入职培训，在职人员定期组织培训	人力经理、人力经理助理
员工关系管理	及时处理劳动纠纷	依具体情况，第一时间处理纠纷	人力经理、人力经理助理
人力部门自身建设	提升人力资源专业能力，组织内部培训与交流	随时	人力经理、人力经理助理

图 3-6 主要工作进度安排

6.资金流动与账务策略

(1)简易资产负债如图 3-7 所示。

资产	金额	负债及所有者权益	金额
流动资产		流动负债	
货币资金	2500000	短期借款	1000000
应收账款	2808000	应付账款	1696500
存货	4321000	应付职工薪酬	215060.24
		应交税费	604929.76
		其他应交款	
流动资产合计	9629000	流动负债合计	3516490
		长期负债	
		长期借款	1000000
非流动资产		所有者权益	
固定资产	8723650	实收资本	9000000
		资本公积	
		盈余公积	264575.18
		未分配利润	4571584.82
非流动资产合计	8723650	所有者权益合计	13836160
资产总计	18352650	负债及所有者权益合计	18352650

图 3-7 简易资产负债

(2)筹资和借债方案如图 3-8 所示。

筹资方式	融资手段	财务费用	最高限额	还款时间	还款约定
银行信用贷款	长期贷款	8%	上月所有者权益×2	按年,最长5年	每季付息,到期还本
	短期贷款	5%	上月所有者权益×2	按月,最短3月,最长12月	到期一次还本付息

图 3-8 筹资和借债方案

(3) 财务部工作安排如图 3-9 所示。

考核指标			
财务预算控制、融资计划准确率、财务费用降低率			
目标名称	具体方案	进度安排	责任人
日常工作	根据审核无误的报销原始凭证,编制记账凭证;开展目标成本和质量成本管理;正确计算结算以及其他经营利润;按照计税依据和适用税率正确计交应纳税额;编制符合现行制度规定的准确、真实的会计报表;依照公司要求编制、发布公司月度、季度经济指标完成情况表及相关财务分析表	常规工作	钱某、刘某、朱某、赵某
财务管理程序和作业文件评审	公司财务控制制度、财务管理授权制度、公司核算体系管理办法、公司预算管理评价与绩效考核办法、公司资金控制管理办法	2011 年 3—6 月	钱某、刘某、朱某、赵某

图 3-9 财务部工作安排

(二) 行政助理读懂期初数据

1.固定资产卡片

固定资产卡片详细记录了固定资产的多个关键信息,包括类别、编号、名称、规格等,为了确保资产管理的精准性和透明性。截至 2021 年 9 月 30 日,该企业拥有 33 项固定资产,每一项都在固定资产卡片上得到详尽登记。如图 3-10 所示。

```
                    固 定 资 产 卡 片

    卡片编号        00002                           日期      2009-01-29
    固定资产编号    02001        固定资产名称                R型车铣床
    类别编号       02            类别名称                    生产用设备
    规格型号       RCX-001       部门名称                    一车间
    增加方式       直接购入      存放地点
    使用状况       在用          使用年限        5年 月      折旧方法    平均年限法(一)
    开始使用日期   2007-01-01    已计提月份         23        币种        人民币
    原值           103 000.00    净残值率            3%       净残值      3 090.00
    累计折旧       39 483.33     月折旧率        0.016 2     月折旧额    1 668.60
    净值           63 516.67     对应折旧科目    410 503,折旧费   项目
    可抵扣税额     0.00

    录入人           1                           录入日期     2009-01-05
```

图 3-10 固定资产卡片样式

2.固定资产登记簿

固定资产登记簿是一种集中记录、管理固定资产卡片信息的表格,详细记录了企业办公固定资产的各项信息,包括种类、购买时间、使用年限和折旧等。同时,固定资产卡片则填写了资产的类别、名称、原值、使用年限、购置日期、年折旧率和折旧额等详尽信息,为企业提供了便捷的固定资产查找和管理手段。固定资产登记簿如图 3-11 所示。

卡片编号	资产编号	资产名称	使用部门	使用状态	预计使用年限/年	开始使用日期	已计提月份	资产原值/元	累计折扣/元	资产净值/元	折扣费用类别
01	012001	办公大楼	企管部	在用	40	2009/12/31	165	6000000	262500	5737500	管理费用
02	012002	笔记本电脑	企管部	在用	4	2009/12/31	165	8000	3500	4500	管理费用
03	012003	笔记本电脑	人事部	在用	4	2009/12/31	165	8000	3500	4500	管理费用
04	012004	笔记本电脑	财务部	在用	4	2009/12/31	165	8000	3500	4500	管理费用
05	012005	笔记本电脑	采购部	在用	4	2009/12/31	165	8000	3500	4500	管理费用
06	012006	笔记本电脑	销售部	在用	4	2009/12/31	165	8000	3500	4500	管理费用
07	012007	笔记本电脑	仓储部	在用	4	2009/12/31	165	8000	3500	4500	管理费用
08	012008	台式电脑	财务部	在用	4	2009/12/31	165	5000	2100	2900	管理费用
09	012009	台式电脑	财务部	在用	4	2009/12/31	165	5000	2100	2900	管理费用
010	012010	台式电脑	企管部	在用	4	2009/12/31	165	5000	2100	2900	管理费用
011	012011	台式电脑	人事部	在用	4	2009/12/31	165	5000	2100	2900	管理费用
012	012012	台式电脑	财务部	在用	4	2009/12/31	165	5000	2100	2900	管理费用
013	012013	台式电脑	采购部	在用	4	2009/12/31	165	5000	2100	2900	管理费用

图 3-11 固定资产登记簿

二、读懂人力资源部期初数据

（一）人力资源部经理读懂期初数据

1.熟悉企业组织架构

某佳童车厂的组织结构清晰，总经理在顶层负责对董事会的汇报和指挥各职能部门的工作。七个职能部门分工明确，各自负责企业的不同方面，形成了相对独立但协同运作的体系。部门经理既有对下属的指挥权，也能进行跨部门的业务指导，实现了信息畅通和工作协同。某佳童车厂的组织结构如图3-12所示。

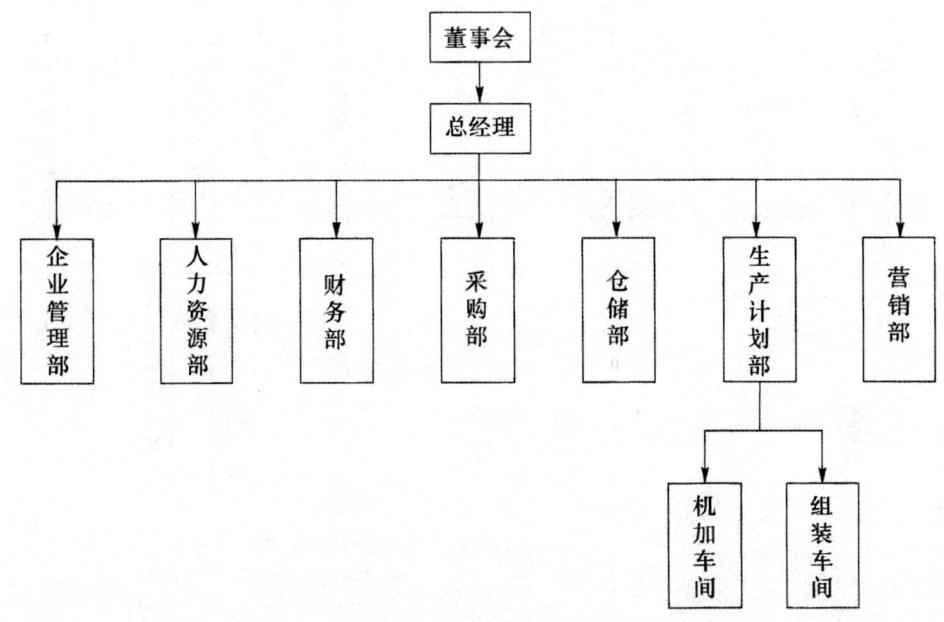

图3-12 某童车厂的组织结构

2.熟悉制造业岗位设置及岗位职责

该童车厂的组织人员架构设计合理，实现了人员的灵活调配。总经理兼任企业管理部经理，行政助理和计划员的兼任显示了高效利用人力资源的策略。车间员工数量的灵活调整考虑了销售订单、生产计划和企业状况，使生产能够灵活适应市场需求。截至2023年9月30日，管理人员和车间工人的分布合理，为企业的正常运营提供了稳固的基础。各部门岗位设置及人员定编情况如图 3-13 所示。

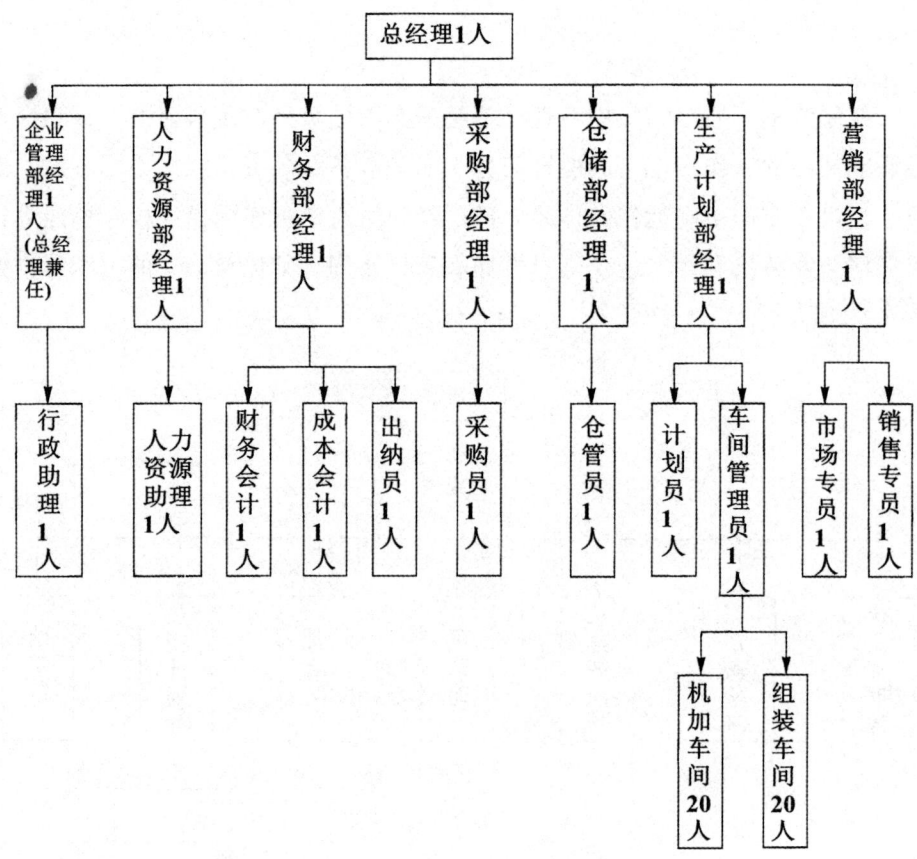

图 3-13　各部门岗位设置及人员定编情况

3.熟悉人员的招聘与培训

（1）人员招聘。该企业在人才招聘方面采用灵活的模式，通过与人力资源服务公司合作，快速获取合适的人才。招聘费用的支付与择优录用形成了相互关联，激励了服务公司为企业提供高质量的推荐。不同人员类别的招聘提前期的设定体现了对人才需求的差异性考虑。在试用期内，取消奖金并将工资设为基本工资的 80%，既为企业降低了成本，又为员工提供了稳定的试用期薪酬。图 3-14 所示为人员招聘。

人员级别	招聘提前期/月	招聘费用/元	试用期/月	基本工资/元
部门经理	2	500	3	6000
职能管理人员	1	1000	3	4000
生产工人	0	500	3	1600
中级工人	0	700	3	2000
高级工人	0	900	3	2500

图 3-14　人员招聘

该企业建立了明确的员工转正机制，通过试用期结束后的答辩来评估新员工的表现。这一机制既为员工提供了机会正式加入企业，又为企业筛选和保留优秀人才提供了有效手段。在费用方面，招聘实际费用的 20% 浮动体现了对实际情况的灵活考虑，使得招聘成本更具弹性。

（2）人员培训。在仿真实训中，服务公司扮演着重要的角色，为企业和个人提供专业的人才培训服务。通过制定灵活的收费标准，并允许与企业进行协商，最高可浮动 20%，服务公司能够更好地满足客户的需求，提供更具针对性和灵活性的培训方案。服务公司提供的企业人才培训收费标准如图 3-15 所示。

参训人员	培训收费标准
总经理	10000 元/（人·次$^{-1}$）
部门经理（主管）	7000 元/（人·次$^{-1}$）
普通员工	4000 元/（人·次$^{-1}$）

图 3-15　服务公司提供的企业人才培训收费标准

工号	姓名	所在部门	担任职务	本月应到/天	事假	病假	矿工	迟到/早退	本月实到/天	考勤扣款	备注
1	梁某	企业管理部	总经理（兼企管部经理）	21					21	0	
2	张某	人力资源部	人力资源经理	21					21	0	
3	李某	采购部	采购经理	21					21	0	
4	叶某	生产计划部	生产经理	21					21	0	

图 3-16　2022 年 10 月考勤统计

服务公司不仅关注企业培训需求，还积极满足个人的学习诉求。开设面向个人的培训课程，灵活的培训费用标准（500～1000元）以及业务员与参训人员之间的费用协商机制，为个人提供了更多选择和定制化的培训方案。

4.熟悉考勤统计

（1）制作考勤表。该企业通过考勤统计表实施了严格的考勤管理制度，记录了员工各项考勤信息，为薪资核算提供了准确的数据基础。人力资源助理在日常工作中负责考勤管理，包括统计考勤情况、计算扣款等工作，并将结果整理制成《考勤统计表》提交给人力资源部经理。

A公司2022年10月考勤数据：全体员工无迟到、早退、病假、事假及旷工。具体如图3-16所示。

（2）仿真实训考勤管理。在实训过程中，学生的考勤管理是必不可少的环节，通过实训系统的签到功能，有效地记录了学生的出勤情况。为了模拟真实工作环境，实训任务将实际业务抽象化，使学生在一个实际工作日内完成一个月的工作内容，从而提高了学生的工作效率和适应能力。在计算出勤天数时，学生因病或事假时，按3个工作日计算一个实际工作日。

在实训中实行月度考勤，每月设计3～5个虚拟工作日，出勤天数按照规则计算：员工出勤天数=当月虚拟工作日出勤天数÷当月虚拟工作日总天数×21.75，缺勤天数=21.75－员工出勤天数。考勤周期为本月28日至次月27日。

各类假期薪资发放规则：对于迟到和早退，每次扣款20元，罚款30元；旷工按照扣3日工资的标准执行；事假为非带薪假期，扣发全部日工资；病假发放工资的50%；而有薪假期如婚假、丧假等则发放全额日工资。

5.熟悉职工薪酬

（1）职工薪酬的构成。企业管理全景仿真中，职工薪酬由多个组成部分构成，包括基本的职工工资和奖金，以及各类社会保险费、住房公积金和解雇补偿等。这一综合性的薪酬体系旨在保障职工的基本权益，同时也为企业提供了合理的成本分配和员工激励机制。

（2）职工薪酬的计算及发放。年度总薪酬计算涵盖了月基本工资、季度绩效奖金和企业应缴福利等多个要素。基本工资和绩效奖金的核算分别在月底和季度末进行，通过人力资源和财务部的协同工作，确保了薪酬的准确发放。企业应缴福利涵盖了多项社会保险和住房公积金，为员工提供全面的福利保障。员工实际领取的薪酬在扣除个人自主缴付福利和个人所得税后，体现了员工实际到手的经济收益。这一薪酬体系既符合相关法规，又为员工提供了全面的薪酬福利保障。

职工每月实际领取的工资=月基本工资＋季度绩效奖金－缺勤扣款－个人应缴五险一金－个人所得税

缺勤扣款=缺勤天数×（月基本工资÷当月全勤工作日数）

①商贸企业基本工资标准如图 3-17 所示。

人员类别	月基本工资/元
总经理	10000
行政/业务主管	6000

图 3-17　商贸企业基本工资标准

②商贸企业季度奖金与绩效如图 3-18 所示。

人员类别	季度奖金与绩效/元
总经理	10000
行政/业务主管	6000

图 3-18　商贸企业季度奖金与绩效

③制造企业基本工资标准如图 3-19 所示。

人员类别	月基本工资/元
总经理	10000
部门经理	6000
职能管理人员	4000
营销部员工	2500
初级/中级/高级生产工人	1600

图 3-19　制造企业基本工资标准

④制造企业新基本工资标准如图 3-20 所示。

人员类别	月基本工资/元
总经理	10000
部门经理	6000
职能管理人员	4000
营销部员工	2500
初级生产工人	1600
中级生产工人	2000
高级生产工人	2500

图 3-20　制造企业新基本工资标准

⑤制造企业新奖金与绩效如图 3-21 所示。

人员类别	季度绩效奖金
生产工人	按 1 元/辆计件
营销部人员	上季度销售总额×3%×绩效分配比例
除营销部之外的其他职能部门人员	上季度企业净利润÷15×5%绩效考评结果

图 3-21　制造企业新奖金与绩效

公司实施严格的个人绩效考评制度，非工人人员每季度制定个人绩效目标，并在季末进行自评。通过部门经理、人力资源部和总经理的共同评定，形成了 A、B、C 三级排名，为员工的绩效提供了清晰的等级分类。更重要的是，个人绩效考评结果与季度绩效奖金直接挂钩，激发了员工在实现公司业务和经营目标方面的积极性。制造企业绩效结果与资金系数如图 3-22 所示。

绩效结果	强制分布比例	奖金系数	奖金/元
A（优秀）	20%（3）	1.1	上季度企业净利润×5%÷15×1.1
B（中等）	70%（10）	1	上季度企业净利润×5%÷15×1
C（合格）	10%（2）	0.9	上季度企业净利润×5%÷15×0.9
D（不合格）			建议辞退

图 3-22　制造企业绩效结果与奖金系数

该公司的绩效奖金分配策略明确，不同岗位有不同的奖金比例。营销部经理的绩效奖金占营销部绩效奖金的 20%，而市场专员和销售员的绩效奖金则为营销部季度绩效奖金的 40%。季度奖金的发放与个人业绩考核评定结果挂钩，业绩评定在 85 分及以上者能获得全额季度绩效奖金，而低于 85 分者则只能获得季度绩效奖金的 80%。另外，总经理的绩效得分与企业员工得分的平均数有关，这体现了对整体团队绩效的关注和重视。

人力资源部经理承担着重要的薪酬核算任务，每月月底需对公司全员当月工资进行核算，确保准确发放员工工资。同时，每季度结束后次月，还需要核算上一季度的绩效奖金，以激励员工的工作表现。完成核算工作后，人力资源部经理必须将《职工薪酬表》提交给财务部经理进行审核，以确保数据的准确性和合规性。经过财务部经理审核无误后，方能将表格提交给总经理进行审批。

（3）个人所得税。关于个人所得税缴纳标准，按照规定，计算时应依据相应的税率。具体如下：

当工资收入处于 1 元至 5000 元这一范围内，包括 5000 元，个人所得税税率为 0%。

当工资收入处于 5000 元至 8000 元这一范围内，包括 8000 元，个人所得税税率为 3%。

当工资收入处于 8000 元至 17000 元这一范围内，包括 17000 元，个人所得税税率为 10%。

当工资收入处于 17000 元至 30000 元这一范围内，包括 30000 元，个人所得税税率为 20%。

当工资收入处于 30000 元至 40000 元这一范围内，包括 40000 元，个人所得税税率为 25%。

个人所得税计算方式：应纳税额=（工资薪金所得－"五险一金"－扣除数）×适用税率－速算扣除数。

（4）辞退福利。劳动合同解除或终止时，按照《劳动合同法》第四十七条的规定，用人单位需支付劳动者经济补偿。这一经济补偿的标准根据劳动者在单位工作的年限而定，以每满一年支付一个月工资为基准，六个月以上不满一年按一年计算，不满六个月支付半个月工资。月工资标准是指劳动者在解雇前十二个月的平均工资。特殊情况下，如果用人单位违反法律规定解除劳动合同，应支付赔偿金，标准为经济补偿的二倍。月工资上限规定了劳动者月工资高于所在地区上年度职工月平均工资的三倍时的执行标准，且支付经济补偿的年限最高不超过十二年。

6.熟悉企业代缴福利表

社会保险和住房公积金是企业为在职员工提供的重要福利，缴费基数的确定涉及员工和企业的权益。现行管理制度规定了企业应为员工缴纳五险一金，其中缴费基数按照上一年度员工月平均工资确定，并规定了最低和最高缴费基数。不同地区存在着五险一金缴费基数及比例的差异，在仿真实训中需遵循当地政府规定并进行适度的调整。

养老保险个人缴费根据九个档次不同，以第九档为例，基数 3838 元，月缴费 771.6 元，年缴费 9259.2 元。医疗保险个人缴费比例随缴费基数变化，以社平工资为例，按 100%缴费基数计算为 6.5%，每月 150.28 元；按 9.5%档次计算为 9.5%，每月 236.65 元。工伤保险和生育保险通常由单位全额承担，个人无需缴纳。公积金缴纳比例为职工工资总额的 12%，个人 8%，单位 4%。

7.熟悉银行企业代发业务

为了便捷高效地发放工资，企业通常与银行签署《工资代发协议》，将工资发放委托给银行。在这个过程中，人力资源部经理负责审核和审批职工工资表，然后根据《职工薪酬统计表》制作《职工薪酬发放表》。这个表格经过审核和盖章后送交给银行。不同于传统的纸质表格方式，实际业务中，企业倾向于根据银行的要求，通过录盘的方式将职工工资信息电子化传递给银行，以更为便捷和高效地完成工资发放流程。

在完成《职工薪酬发放表》这一任务时，人力资源部经理需按照图 3-23 所示的表样数据，自行制作并打印该表。

序号	姓名	实发工资	银行账号
1	梁某	7607.30	622* **** **** ****000
2	张某	4728.99	622* **** **** ****004
3	李某	4728.99	622* **** **** ****458
4	何某	4728.99	622* **** **** ****236
5	钱某	4728.99	622* **** **** ****165
6	叶某	4728.99	622* **** **** ****637
7	杨某	4728.99	622* **** **** ****746
8	叶某	3177.00	622* **** **** ****342
9	肖某	3177.00	622* **** **** ****976
10	付某	3177.00	622* **** **** ****752

图 3-23 职工薪酬发放

8.熟悉绩效评定相关业务

根据工作安排,该公司在 2022 年 9 月开展了第三季度绩效考核结果评价工作。经过细致评估,该公司形成了《2022 年第三季度绩效评定结果》,详细列出了非生产工人的绩效成绩及评级情况。此外,《2022 年第三季度经营成果》一图详细记录了企业的净利润、销售总额以及总产量,具体数据详见图 3-25。

序号	部门	职位	姓名	考核成绩/分	绩效评级	绩效系数
1	企管部	总经理	梁某	85	B	1
2	人力部	部门经理	张某	73	B	1
3	采购部	部门经理	李某	82	B	0.2
4	仓储部	部门经理	何某	70	C	0.4
5	财务部	部门经理	钱某	90	A	0.4
6	生产计划部	部门经理	叶某	92	A	1.1

图 3-24 2022 年第三季度绩效评定结果

序号	项目	数额	数据来源
1	第 3 季度净利润	1280136.1 元	财务部
2	第 3 季度销售总额	7200000 元	财务部
3	第 3 季度童车总产量	12000 辆	生产计划部

图 3-25 2011 年第三季度经营成果

(二)人力资源助理读懂期初数据

1.熟悉人事登记表

人事登记表是记录在职人员和离职人员信息的表格。为了便于管理和查阅,可以考虑将人事登记表的内容简化为职工手册,只记录必要的个人信息,如姓名、职位、身份证号码、入职时间以及劳动合同年限等。这样的手册可以如图 3-26 所示进行设计,以便于管理和查阅。

姓名	员工编号	部门	职位	身份证号码	性别	出生日期	联系电话	入职时间	是否有试用期	劳动合同年限
梁某	1	企业管理部	总经理	1**************2	男	1982/12/9	131****2544	2022.1.4	否	3年
张某	2	人力资源部	人力资源部经理	2**************4	男	1991//31	133****4683	2022.2.3	否	3年
李某	3	采购部	采购部经理	5**************4	男	1985/6/18	151****8655	2022.2.6	否	3年
叶某	4	生产计划部	生产计划部经理	6**************6	男	1978/1/28	133****4463	2022.1.7	否	3年

图 3-26　职工手册（部分）

2.熟悉委托银行代收社会保险业务

社会保险基金管理局委托银行代收社会保险费合同书如图 3-27 所示。

根据《委托银行代扣社会保险协议》的明文规定，社保中心需将企业应缴、代缴的社会保险缴费金额及明细转交给相关银行。银行在接到社保中心所提供的详细资料后，会直接从企业账户中扣除相应的款项，并即时通知企业关于社会保险的扣款情况。

在社会保险费缴纳完成后，人力资源助理承担着重要的核对和跟进工作。助理通知出纳去银行领取社保、公积金扣款凭证，并保留了这些凭证的复印件，同时原件则由财务部保存。这些凭证的用途不仅在于提供实际缴费的证明，更重要的是用于核对当月《五险一金核算表》的统计金额是否准确。助理在核对过程中若发现错误，将在下月及时进行更正，确保员工的社会保险、住房公积金多退少补的准确性。

甲方（参保人）：某佳童车厂

乙方：齐齐哈尔市社会保险基金管理局

为方便甲乙双方社会保险基金的收付结算，经双方认可，制定如下合同：

一、甲乙双方共同遵守中国人民银行齐齐哈尔市分行关于北京市特种委托收款结算办法以及社会保险的有关制度和规定，甲方同意每月由中国工商银行北京市昌平区支行通过电脑将应缴的保险费自动划入乙方账户。

二、甲方应提供在建行、农行、工行、中行4家银行中的任意一家开立的缴交保险金专用存折账号。

三、乙方在每月5—15日划款，甲方每月5日前应在自己账户上留有足够的资金。如果甲方账户在乙方划款期间的资金不足以支付当月的保险费，乙方将在下月划款时一并划转，并自15日起每日按应划款项的2‰加收滞纳金。如果三个月未能划款成功，乙方将停止甲方的所有保险业务，由此造成的损失由甲方负责。

四、甲方开立账户后，不得随意更改为其他账户；如存折不慎遗失，应及时通知乙方和开户银行，更换账户。而甲方未及时通知或延迟通知乙方和开户银行，使乙方不能按时划款而造成的加收滞纳金和其他后果，均由甲方负责。

五、甲方如对划款有疑问，可到乙方查询，乙方应及时给予查对，属于电脑错误等原因而造成的错收，双方协定在下月划款时多退少补，当月一般不做更换。

六、每月由乙方提供划款收据，并定期邮寄到甲方所填通信地址。

七、为保证甲乙双方能够正常联系，甲方在更改通信地址、联系电话等后，应立即通知乙方。

八、本协议一式三份，甲乙双方及甲方开户行各执一份。

图 3-27　社会保险基金管理局委托银行代收社会保险费合同书

三、读懂营销部期初数据

（一）营销部经理读懂期初数据

营销部经理需要熟悉的客户资料如图 3-28、图 3-29 所示。

本地客户	
企业法定中文名称	某贸易公司
企业法定代表人	康某
企业注册地址	齐齐哈尔市龙沙区*路*号
注册登记地点	齐齐哈尔龙沙区工商行政管理局
企业法人营业执照注册号	1**************7
税务登记证号	11**********32
组织机构代码证	72****632
办公地址	齐齐哈尔市龙沙区*路*号
邮政编码	161005
办公电话	010-68****8
开户银行	工商银行齐齐哈尔分行龙沙支行
账号	02*************222

图 3-28　某贸易公司基本信息

车间名称	10 月			11 月			12 月		
	初始产能	占用情况	剩余产能	初始产能	占用情况	剩余产能	初始产能	占用情况	剩余产能
普通机床/台	5000	0	5000	5000	0	5000	5000	0	5000
数控机床/台	0	0	0	0	0	0	3000	0	3000
组装生产线/条	7000	0	7000	7000	0	7000	7000	0	7000

图 3-29　生产车间产能报表

（二）营销部销售专员读懂期初数据

1.期初数据表

营销部期初数据如图 3-30 所示。

序号	期初数据	相关说明	对应岗位
1	销售发货明细表	已发货未收款订单	营销部经理、销售专员
2	销售预测表	2021 年第 4 季度和 2022 年第 1 季度	营销部经理、市场专员、销售专员
3	市场预测（本地，手工）	2021 年全年	营销部经理、市场专员、销售专员
4	市场预测（本地，信息化）	2021 年第 4 季度	营销部经理、市场专员、销售专员
5	客户信息汇总表	企业客户信息	营销部经理、销售专员
6	库存期初报表	各种成品的期初库存情况	营销部经理、销售专员
7	车间产能报表	车间产能情况	营销部经理、销售专员

图 3-30　营销部期初数据

2.销售预测表

销售预测如图 3-31 所示。

年月 产品	2021 年						2022 年		
	7	8	9	10	11	12	1	2	3
经济型童车				4000	5000	5000	6000	5000	7000
舒适型童车									
豪华型童车									

图 3-31 销售预测

2021 年本地市场经济型童车价格预测（手工阶段）如图 3-32 所示。

市场	产品名称	第 1 季度	第 2 季度	第 3 季度	第 4 季度
本地	经济型童车	702	690	677	655

图 3-32 2021 年本地市场经济型童车价格预测（手工阶段）

2021 年第四季度本地市场经济型童车销量预测（信息化阶段）如图 3-33 所示。

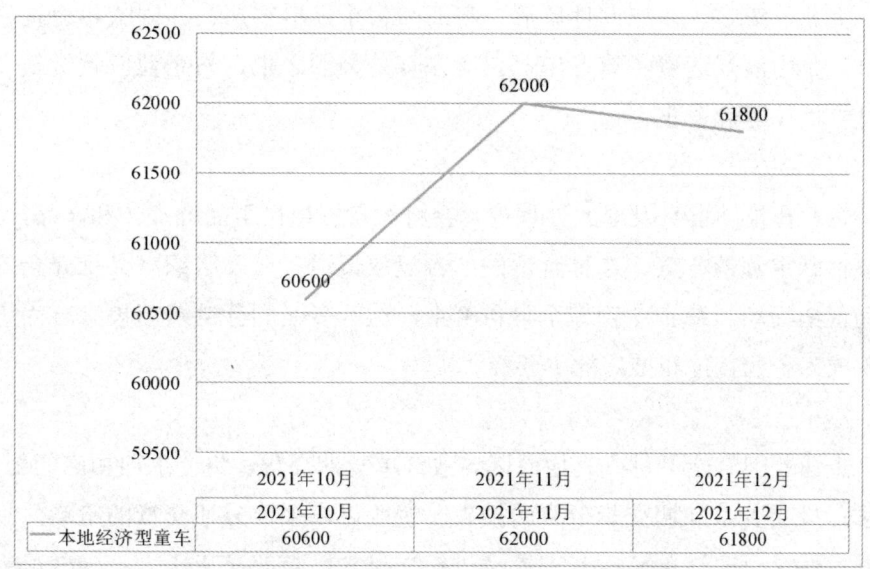

图 3-33 2021 年第四季度本地市场经济型童车销量预测（信息化阶段）

2021 年第四季度本地市场经济型童车价格预测（信息化阶段）如图 3-34。

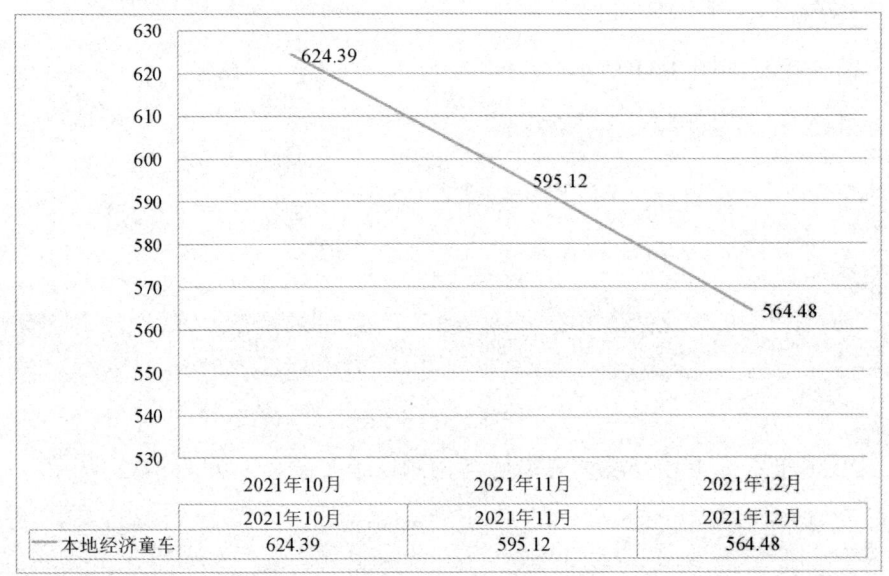

图 3-34　2021 年第四季度本地市场经济型童车价格预测（信息化阶段）

（三）仿真实训销售规则

实训系统中，在选取订单后，将商品售予虚拟客户，并回收相应货款。部分订单中涉及运费，该费用已包含在订单金额之中，与企业应收货款一并支付给相关运输企业。

1. 营销方案制订

企业在推动自身发展的过程中，会将大量资金投至品牌宣传和产品推广。这包括制定营销方案、选择合适的广告投放渠道，以及组织产品推介会等一系列营销活动。在企业管理全景仿真中，这些多元的营销费用被综合为广告费，成为企业宣传和推广的主要经济支出。

2. 关于延期交货规定

企业若因产能不足或其他原因导致订单延期交货，将会承担相应的处罚。为了尽量减少由延期交货带来的损失，企业可以采取分期交货的策略，将原本一次性交付的订单分成若干批次进行交付，以缓解交货压力，同时尽量满足客户需求。

3.销售合同

在生产制造公司销售产品的过程中,与客户签订销售合同是不可或缺的步骤,该合同为购销关系的依据。合同内明确规定了销售的具体细节,包括数量、品种、价格、商业折扣、付款期限和方式等条款。这一有效的合同受到法律的保护,其存在旨在维护购销双方的正当权益,确保交易的公平、有序进行。

销售合同中包含了几个关键的条款,首先是产品销售价格的明确定义,以含税价为基准,并要求提供增值税专用发票。其次,分期交货策略允许企业按规定的交货期限逐步交付货物,确保及时确认应收账款。然而,延期交货会导致违约金支付,根据合同规定支付相应的罚款,未能及时交货的部分可以在一定期限内补齐,超过期限的将不再收货。最后,在销售合同中商业折扣的约定灵活,公司可根据实际情况提供不同系数的折扣,以促进销售,具体如图 3-35 所示。

商业折扣标准/辆	折扣	备注
销售量＜5000	无	按每种产品计量
5000≤销售量＜8000	0.01	
8000≤销售量＜10000	0.02	
10000≤销售量＜15000	0.03	
15000≤销售量	0.05	

图 3-35 商业折扣系数

制造企业通过系统进行订单录入,随后将订单提交给客户在线上进行确认。客户对订单有异议时,可以选择拒绝确认,这时制造企业有一次重新提交的机会。然而,若两次提交均未被客户确认,制造企业将需要重新执行该任务。

四、读懂生产部期初数据

(一)生产计划部经理读懂期初数据

1.2021 年度销售预测表

销售预测是企业对未来特定时间内产品销售情况的估计,涵盖了销售数量和销售金额。这一预测基于对未来各种影响因素的充分考虑,结合企业的销售历史数据,通过有效的分析方法制定出切实可行的销售目标。

2. 期初库存表

根据会计制度的规定,期初库存是指在某个库存会计期间开始时,已记录在账面上的可供使用或出售的存货(如货品、物资或原料)的价值(以数量表示)。具体来说,期初库存就是在一个库存会计时期开始时,可供使用或出售的存货的账面价值。图 3-36 为期初库存的账面价值与数量图表。

项目	期初数量	在途数量	在产数量	备注
经济型童车	2000		4000	
经济车架			5000	
钢管	5000	15000		
坐垫	5000	5000		
车篷	5000	5000		
车轮	20000	20000		
包装套件	10000	0		

图 3-36 期初库存

3. 物料清单

物料清单(Bill of Material,BOM)是一份详细记录产品所需材料及其属性的文件,通过产品结构展示了生产产品与所需物料之间的数量和从属关系。BOM 不仅是技术文件,更是管理文件,在接收客户订单、选择装配、制定生产计划、跟踪物流等方面至关重要。它连接和沟通企业各部门,涉及销售、计划、生产、供应、成本、设计、工艺等多个方面,因此在企业运作中起着不可或缺的作用。经济型童车的 BOM 如图 3-37 所示。

结构层次	物料编码	物料名称	规格型号	单位	总数量	备注
0	P0001	经济型童车		辆	1	自产成品
1	M0001	经济车架		个	1	自半成品产
1	B0005	车篷	HJ×32×40	个	1	外购原材料
1	B0006	车轮	HJΦ外125/Φ内60mm	个	4	外购原材料
1	B0007	包装套件	HJTB100	套	1	外购原材料
2	B0001	钢管	Φ外16/Φ内11/L5000(mm)	根	2	外购原材料
2	B0003	坐垫	HJM500	个	1	外购原材料

图 3-37 经济型童车的 BOM

4. 生产设备

(1)厂房。某佳童车厂是一家持续运营的企业,2021 年 10 月初,他们成功购置了一个大型厂房，内部配备了10台普通机床和一条高效的组装流水线，所有设备运行良好。

某佳童车厂的生产设施包括10台普通机床和1条组装生产线，其中生产线占用了4台机床的位置。厂房购置当期暂不计提折旧，但从下个月开始将进行折旧计提。此外，厂房在经营期间不允许出售，若产能需求超出实际容量，则需要与服务公司联系租赁额外的厂房空间。

（2）生产设备。企业在生产设备方面有灵活性，可以根据需求随时购买机床和组装流水线，用于生产车架和童车。然而，购买后需要考虑1个月的购买提前期和1个月的安装调试提前期，这些时间要求需要在计划中充分考虑，以确保设备在投入正式生产之前能够顺利准备好。

（3）工作中心。工作中心是生产过程中的重要组成部分，负责直接改变物料形态或性质的生产作业。它包括机器、人员和设备，是生产产品所需的关键资源。每个工作中心都对产品成本产生影响，因此管理和优化工作中心的运作至关重要。工作中心的数据是制定工艺路线、计划物料需求和评估生产能力的重要依据，对企业的生产计划和成本控制具有重要意义。

（4）车间产能报表。产能（Capacity）是企业在一定时期内能够达到的最大生产水平，包括生产产品的数量和质量，以及加工处理原材料的能力。通过综合考虑固定资产、技术组织、生产流程等因素，企业确定其产能水平，以满足市场需求并实现生产效益的最大化。

理解生产能力指标的要点：生产能力是企业在先进的生产性固定资料和可能达到的技术组织条件下，经过综合平衡计算得出的一种生产水平，通常以最大产品数量或最大原材料加工数量为衡量标准。在考虑正常条件下，不考虑异常情况的前提下，生产能力通过实物指标来计量，反映了企业在理想情况下的生产潜力。

①生产能力的种类。生产能力作为企业生产可能性的关键指标，通过设计生产能力、查定能力和计划生产能力等不同表达方式在实际应用中体现出来。

设计生产能力是企业在建厂时设定的理想生产水平，通过基建任务书和技术文件规定了产品方案、技术工艺和设备等要素，计算得到的最大年产量。

然而,实际投产后,需要一定的时间来熟悉和掌握生产技术,有时还需要改进不合理的地方,以实现设计生产能力。设计生产能力并非不可逾越,随着操作人员对生产工艺的熟练掌握,通过适当的改造,实际生产能力有望大幅超过设计水平。

查定能力和计划生产能力都是评估企业生产能力的重要指标。查定能力是在缺乏设计生产能力资料或者资料不够可靠的情况下,通过审查现有生产条件和技术水平来确定的生产能力水平,为企业当前生产问题的研究提供了依据。而计划生产能力则是在计划期间,根据现有的生产条件和技术水平等因素确定的实际可用的生产能力,直接决定了企业近期的生产计划执行情况。

企业的计划能力包含已有生产能力和新形成能力两部分。已有生产能力是指企业当前已具备的生产水平,即查定能力;新形成能力则包括在本年度内通过基建、技改项目或管理手段提高的能力。这两者综合决定了企业的计划能力,其大小直接关系到当期的生产规模。在编制计划时,企业需综合考虑市场需求,尽量使生产计划与计划能力相匹配,并利用生产能力的不确定性进行短期调整,以适应市场需求的变化。

②生产能力的计量单位。鉴于企业涉及的种类繁多,产品和生产过程存在较大差异,在制定生产能力计划之前,必须明确定义生产能力的计量单位。这一步骤的目的在于为企业提供在特定生产环境中进行短期调整的便利,以更好地适应其生产需求。

以产出量为计量单位:调制型与合成型生产的企业,其生产能力以产出量为主要度量标准。无论是钢铁、水泥等以吨位计量,还是家电以台数计量,产出数量的增加直接反映了企业的生产能力提升。在面对多种产品的情境中,通常会选取产量与工时定额乘积最大的产品作为代表,以便对其他产品进行换算。换算系数 K_i 由下式求得:

$$K_i = T_i / T_o$$

式中:K_i——i 产品的换算系数;

T_i——i 产品的时间定额;

T_o——产品的时间定额。

以原料处理量为计量单位:在某些企业中,通过采用单一原料生产多种产品,最合适的生产能力计量单位是工厂年处理原料的数量。以炼油厂为例,通过考量其一年内处理原料的吨位,能够更全面地反映生产能力。这类企业的典型特点是采用分解型生产方式,通过对主要原料的处理,实现多样产品的制造。

以投入量为计量单位:在一些企业中,特别是服务业,生产能力的衡量方式常常令人感到模糊难解。以产出量计算的方式,如飞机座位数、病床数或营业面积,并不准确地反映了企业的真实生产潜力。与制造业不同,这些服务业企业的生产能力具有无法储存的显著特点,使得以传统方式衡量生产能力变得不够切实可行。

(5)仓库信息。该公司已设立三个仓库,分别为原材料库、半成品库以及产品库。原材料库的主要职责是妥善存放各类生产原材料,确保原材料的保管与使用符合相关规定。半成品库则主要用于存放车架,保证其存储安全与质量。至于产品库,它的主要功能是存放已完成的产成品,确保产品质量与安全。

仓库信息如图 3-38 所示。

仓库名称	仓库编码	可存放物资
原材料库	A 库	钢管、坐垫、车篷、车轮、包装套件、镀锌管、记忆太空棉坐垫、数控芯片、舒适型童车包装套件、豪华型童车包装套件
半成品库	B 库	经济型童车车架、舒适型童车车架、豪华型童车车架
产品库	C 库	经济型童车、舒适型童车、豪华型童车

图 3-38 仓库信息

5.购买生产许可

童车制造业中存在着生产许可的分类,企业最初生产经济型童车,而生产更高端的舒适型或豪华型童车则需要额外的许可。这一制度鼓励了企业进行产品创新,因为购买新许可证代表着成功的产品研发。

生产许可证的类型及价格如图 3-39 所示。

许可证类型	价格/元
舒适型	10000
豪华型	20000

图 3-39　生产许可证的类型及价格

（二）生产计划员读懂期初数据

1.工艺路线

工艺路线是反映企业各项自制件加工顺序和在各个工序中标准工时定额情况的重要文件，也称为加工路线。它是一种计划管理工具，主要用于指导工序排产和车间成本统计工作。通过工艺路线的制定和实施，可以有效控制生产过程中的加工顺序、时间和成本，提高生产效率，保证产品质量。

2.经济型车架派工单

派工单在工业企业中扮演着重要角色，作为生产管理的纽带，它不仅向工人分配生产任务，还记录了关键的生产信息。这包括了工序的优先级、计划数量、计划时数等详细内容，为生产过程提供了清晰的指导。值得注意的是，在派工时，资源的专一性要求专注于一种产品的生产，这种限制性策略确保了生产的有序进行，但同时也需要灵活应对生产种类的切换。

（三）车间管理员读懂期初数据

企业在生产任务下达后，及时跟踪生产情况至关重要。了解每张生产任务单所需产品的生产进度、已完成产品的入库情况以及生产完成时间的符合与否，可以有效避免出货延期，保持生产流程的顺畅进行。

1.生产执行情况

生产执行情况如图 3-40 所示。

派工单号	产品名称	领料情况	开工数量/个	完工数量	开工日期	计划完工日期	完工日期	在产品数量/个	完工入库数量	产品入库日期	备注
SC-PG-202109001	经济型车架	已领	4000		2021/9/08	2021/10/08		5000			
SC-PG-202109002	经济型童车	已领	4000		2021/10/08	2021/10/08					

图 3-40　生产执行情况

2. 水电费

在生产车架和童车的过程中，电力和水资源的消耗对成本有着重要的影响。每个车架和童车的平均用电量对应着相应的电费支出，而每生产一定数量的车架则需要消耗一定量的水资源，进而产生水费支出。按月结算水电费的方式有助于及时了解生产成本，并在月底前按时缴纳费用，避免延误造成的不必要损失。

五、读懂采购部期初数据

（一）采购部经理和采购员读懂期初数据

采购部的决策流程包括季度签订采购合同和每月下达订单，确保供应链的稳定运作。采购提前期和付款周期的设定有助于保障物料的及时到货和支付流程的合理性。为确保任务完成，采购部除了需要具备虚拟商业社会环境实习基础外，还要核对期初资料的齐全性，以确保决策的准确性和执行的顺利进行。采购合同执行情况和供应商考核的记录也为后续的决策提供了参考依据，促使采购流程更加高效和透明。采购部期初资料汇总如图 3-41 所示。

采购部期初明细			
序号	单据类型	单据名称	页数/页
1	采购部	8月采购订单	4
2	采购部	9月采购订单	3
3	采购部	期初库存的9月份入库单	4
4	采购部	BOM	1
5	采购部	车间产能报表	1
6	采购部	供应商信息汇总表	1
7	采购部	期初采购合同执行情况表	1
8	采购部	期初库存	1
9	采购部	材料供应商资料信息	1
10	采购部	供应商考评记录	1

图 3-41 采购部期初资料汇总

根据生产部门的需求，采购部门已安排在8月份执行4月份所下发的采购订单。该订单的格式为四联，其中第一联由采购部门自行保存，第二联交由仓库管理部门保存，第三联提交给财务部门，最后一联将寄送给供应商。

（二）仿真实训中采购规则

1.办公用品采购规则

在实训系统销售中，服务公司提供各种必要的办公用品，如表单、胶棒和曲别针等。为了灵活满足客户需求，买卖双方可以协商结算方式，包括当场结清价款或约定月结。支付方式可以选择现金或支票，为交易提供了多样的选择，以促进交易的便捷和灵活性。服务公司提供的办公用品项目及价格如图 3-42 所示。

序号	商品名称	单价
1	表单	10元/份
2	胶棒	20元/支
3	印泥	30元/盒
4	长尾夹	10元/个
5	曲别针	5元/个
6	复写纸	10元/页
7	A4白纸	5元/张

图 3-42 服务公司提供的办公用品项目及价格

行政主管负责收集和统计员工每月的办公用品需求，然后统一采购，并根据员工的实际需求进行发放。与此同时,行政主管还需要记录办公用品的领用情况,以便及时了解和调整库存。

2.制造业采购规则

在童车成品的采购过程中,客户与制造企业之间的交易主要通过签订纸质合同进行洽谈和确认。而制造企业则在仿真实训系统中提交电子订单,以此作为后续交易的依据。

(1)采购原材料品种。生产制造公司在采购方面享有一定的自主权,包括选择原材料供应商、决定采购的品种和数量以及确定采购时间。这种自主权使得公司能够根据自身产品类型和物料需求,有灵活的选择余地。鉴于公司可能涉及的产品类型和物料清单,潜在的原材料种类可达 10 种。具体如图 3-43 所示。

存货编码	存货名称	规格	计量单位	存货属性	平均单价/元	编织物料净需求计划使用的提前期/月
B0001	钢管	Φ外 16/Φ内 11/L5000 (mm)	根	外购	60	1
B0002	镀锌管	Φ外 16/Φ内 11/L5000 (mm)	根	外购	120	2
B0003	坐垫	HJM500	个	外购	50	1
B0004	记忆太空棉坐垫	HJM0031	个	外购	110	1
B0005	车篷	HJ72×32×40	个	外购	60	1
B0006	车轮	HJΦ外 125/Φ内 60mm	个	外购	20	1
B0007	经济型童车包装套件	HJTB100	套	外购	20	1
B0008	数控芯片	MCX3154A	片	外购	200	2
B0009	舒适型童车包装套件	HJTB200	套	外购	100	1
B0010	豪华型童车包装套件	HJTB300	套	外购	150	1

图 3-43 原材料采购信息

(2)采购原材料的流程。采购原材料的基本流程如下:

采购流程包括制定采购计划、签订合同、订单确认、供应商发货、验收入库和贷款结算。在每月初,采购部门根据生产部门需求编制采购计划,然后与供应商签订合同，确定原材料品种、数量和价格。随后，根据备料需要，签订纸质采购合同并录入系统订单。供应商按约定时间发货，企业验收入库；若供应商未能按期发货，按合同约定处理。贷款结算根据合同执行，预计数量不构成采购承诺，违约可协调解决。

（3）采购运费。供应商向企业提供原材料时，会产生相应的运输费用。这些费用的具体细节，会在双方的采购合同中进行明确规定。

六、仓管员读懂仓储部期初数据

（一）物料和成品清单

仓库管理员需仔细核查物料和成品清单表中的所有物料名称及物料编码，确保对各种物料的规格及来源了如指掌。

以经济型童车物料为例展示清单格式，如图 3-44 所示。

结构层次	父项物料	物料编码	物料名称	规格型号	单位	用量	备注
0		P0001	经济型童车		辆	1	自产成品
1	P0001	M0001	经济型童车车架		个	1	自产半成品
1	P0001	B0005	车篷	HJ72×32×40	个	1	外购原材料
1	P0001	B0006	车轮	HJΦ外 125/Φ内 60mm	个	4	外购原材料
1	P0001	B0001	经济型童车包装套件	HJTB100	套	1	外购原材料
2	M0001	B0001	钢管	Φ外 16/Φ内 11/L5000（mm）	根	2	外购原材料
2	M0001	B0003	坐垫	HJM500	个	1	外购原材料

图 3-44　经济型童车物料清单

（二）储位分配表

仓库管理通过分区分类策略实施，确保每类物料都有特定的储存区域，强调物料必须按规定存放。为精准管理储存位置，可采用储位编码规则，该规则由仓库编码和储位流水号组成。仓管员通过查看储位分配表，能够清晰了解各物料的储存仓位编码，从而实现仓库存储的有序、高效管理。

（三）库存期初数据表

仓库管理员需对库存期初数据表进行核查，确保各物料的库存期初数量准确无误。

七、读懂财务部期初数据

根据组织架构，财务部作为核心部门，承担着重要的职责。财务部团队成员主要包括财务部经理、财务会计、出纳和成本会计。

（一）财务报表

简易资产负债如图3-45所示。

资产	金额	负债及所有者权益	金额
流动资产：		流动负债：	
货币资金	2500000	短期借款	1000000
应收账款	2808000	应付账款	1696500
存货	4321000	应付职工薪酬	215060.24
		应交税费	604929.76
		其他应交款	
流动资产合计	9629000	流动负债	3516490
		合计长期负债：	
		长期借款	1000000
非流动资产：		所有者权益：	
固定资产	8723650	实收资本	9000000
		资本公积	
		盈余公积	264575.18
		未分配利润	4571584.82
非流动资产合计	8723650	所有者权益合计	13836160

图3-45 简易资产负债

（二）仿真实训规则

1.税务规则

商贸企业在生产经营活动中，需涉及多个税种，包括企业所得税、增值税、城市维护建设税、教育费附加以及个人所得税。

（1）税种类型。遵循国家税法规定，企业所得税按照利润总额的25%计算，增值税税率为13%，城建税为增值税的7%，教育费附加为增值税的3%。此外，个人所得税按照工资数额比例计算，起征点为5000元。

（2）日常纳税申报及缴纳税款。生产制造公司在税收征收期内需要按照规定填写各项税务申报表，携带相关的会计报表到税务部门办理纳税申报手续，获得税务部门开具的税收缴款书。按照规定，公司每月初都要完成上一个月的纳税申报和税款缴纳，确保税款的及时缴纳。但若遇到特殊情况，公司可向税务部门申请延期纳税申报，以便更好地应对各种复杂的经营情况。

2.会计核算规则

（1）结算方式。某佳童车厂拥有多种结算方式，包括现金、转账支票和电汇。在日常经济活动中，低于3000元的交易可使用现金，超过2000元则一般选择转账支票结算，除非涉及差旅费或支付给个人的业务。银行支票分为现金支票和转账支票，各自用途不同，而异地支付通常采用电汇方式。

（2）存货计价。在存货核算中，该公司将采用实际成本法。对于原材料，他们将依据实际成本进行计价。材料采购时，将实际采购价格准确录入账目。而在材料发出时，依据全月一次加权平均法精确计算材料成本。

全月一次加权平均法的相关计算：

$$材料平均单价 = \frac{期初库存数量 \times 库存单价 + 本月是采购入库金额}{期初库存数量 + 本月实际入库数量}$$

$$材料发出成本 = 本月发出材料数量 \times 材料平均单价$$

（3）固定资本取得方式及折旧。在固定资产管理中，不同的取得方式影响折旧计提规则。购买当月不计提折旧，但次月开始按照直线法计提折旧；而在出售固定资产时，则按照当期已计提的折旧金额进行处理。

（4）制造费用的归集及分配。在制造费用的计算中，生产管理部门和车间共同的间接费用以及生产过程中的费用都被纳入考虑。通过将制造费用按车间划分,如机加车间和组装车间,能够更精准地追踪各车间产生的费用。生产计划部的管理费用包括管理人员的工资、设备折旧以及办公费用。此外,厂房折旧按照各设备占用厂房空间的比例分配到不同的制造费用科目中。

①成本计算规则。在产品成本的计算中,包括原材料成本、人工成本和制造费用的结转。制造费用中,车间的费用直接计入相应产品的成本,如果车间生产多个产品,则按照各产品的生产工时进行制造费用的分配。产品成本的计算仅考虑材料费用,不包括制造费用和人工费用,计算公式为期初生产成本(直接材料)+本期归集的直接人工+本期归集的制造费用。

生产成本管理涉及成本的归集、半成品核算和产品之间的费用分配。原材料成本通过计算材料出库单的发出数量×平均单价,人工成本包括当月生产部门的人员工资,包括管理和生产人员。半成品核算以车架为例,涵盖了车架原材料、生产车架的人工费、制造费以及相关生产制造费用的分摊。对于同一车间生产不同商品的情况,按各产品数量的权重进行费用分配,包括直接制造费用和间接制造费用的结转。

②坏账损失。该生产制造公司在处理坏账损失方面采用备抵法,通过年末按照应收账款的3%提取坏账准备,确保了对潜在风险的充分考虑。公司对一年未收回的坏账采取及时确认为坏账损失的措施,但这并不意味着放弃收款权利。值得注意的是,若未来某一时期成功收回已确认的坏账,公司将会及时恢复债权,并按照正常程序进行会计核算。

③利润分配。公司的利润分配严格按照法定程序进行,首先以本年净利润的10%提取法定盈余公积金,确保了财务稳健。此外,根据董事会决议,公司可灵活提取任意盈余公积金,展现了一定的财务灵活性。股利方面,公司遵循股利政策,将净利润总额的20%作为股利分配给股东,为投资者创造回报。

3.费用报销规则

在公司的日常运营中,费用产生是不可避免的,主要涉及办公费、差旅费、广告费、市场开拓费、招聘费、培训费、仓储费、招待费等项目。其中,办公费用按照既定标准,每月进行审核报销;而对于其他费用,应根据实际发生的情况，在预算范围内进行报销。若某项费用超出预算范围，需经过总经理的审批后才能报销。

（1）该公司办公费报销标准如图3-46所示。

人员类别	报销标准/（元·月$^{-1}$）
CEO	10000
部门经理	5000
职能部门管理人员	3000
生产工人	600

图3-46 办公费报销标准

（2）审批流程。该公司对日常费用和其他费用的审批流程明确而灵活。对于日常费用，如办公费、差旅费、招聘费等，若在预算内，由部门经理和财务部经理审批，并由财务部处理支出；若超过预算，则需要总经理审批，保证了对较大开支的谨慎把控。对于其他费用，包括广告费、市场开拓费、培训费等，预算内且金额在1万元以下，由部门经理和财务经理审批，提高了部门的自主权；但若费用超过1万元或者超过预算，便需要总经理审批，以确保对较大额度和超支的谨慎决策。

4.票据使用规则

（1）出售支票规则。在财务仿真实习中，企业使用的支票并非自制，而是由银行提供并以20元的价格售卖，购买者需要亲自前往银行购买。这一规定旨在确保支票的合法性和安全性，防止未经授权的支票制作。需要注意的是，在虚拟商业环境中，支票的售价与实际商业环境可能存在一定的价格差异。

（2）领购发票的规则。发票业务涉及购领和监督两个关键环节。税务局根据企业规模和销售收入设定每月购领增值税专用发票的限额和次数，同时允许企业根据实际经营需求向税务局提出增版和增量申请，确保企业能够满足生产经营的需求。发票种类主要包括增值税专用发票、增值税普通发票和服务业发票，为不同行业提供了灵活选择。在购买发票时，纳税人需支付相应的工本费，普通发票、服务业发票每张10元，增值税专用发票每张30元。

5.筹资规则

资金作为公司的"血液"，对公司经营与发展至关重要。公司在资金管理方面采取科学决策，根据财务部门的筹资预案进行充分论证，并综合考虑合理的资金结构。筹资渠道多样化，包括实收资本、银行抵押贷款、商业信用等，为公司提供灵活的资金来源。在筹资用途上，公司常采用短期贷款和长期贷款的方式，分别用于流动资产周转和长期投资，体现了"长借长用、短借短用、短用短借、长用长借"的理念，确保了资金的有效运用。

任务二 期初建账

【导读案例】

小刘所在的建材公司自2003年成立以来，虽然账簿管理存在一定的问题，主要依赖于一套"外账"而非完善的"内账"体系，但是经营业绩一直比较出色。该公司的股东人数也相当可观，而且长期以来，有一名出纳人员对现金和银行收支进行了详尽的登记，同时还设立了相关的台账和合同等账目。

【思考】若你是小刘，会选择从2003年起补记内部账，还是从2023年开始建账呢？

在初始设立账目的过程中，不仅涉及财务部门的会计核算工作，还涉及其他各个部门的协同工作。因此，企业建立账目是全体员工首要完成的本职工作之一，需要大家的共同努力和配合。

一、供应商建账

（一）总经理建账

供应商总经理兼任财务部经理，全面负责财务期初建设工作。同时，供应商总经理需对业务数据进行查询，并据此编制科目余额表，以确保财务数据的准确性和完整性。

（二）行政主管建账

供应商的行政主管一并承担仓储部经理与出纳的职责。肩负着根据仓储部的起始数据为各类物料建立初始库存台账的重要任务。同时，他还需要根据现金及银行存款的起始数额，编制现金及银行存款日记账，以确保财务记录的准确无误。

二、客户企业建账

（一）财务期初建账

商贸公司总经理兼任财务部经理一职，负责在财务期初建立账目，并准确掌握公司的财务状况。他需要经常查询业务数据，并根据这些数据编制科目余额表，以确保财务数据的准确性和完整性。

（二）仓储期初建账

商贸公司行政总管身兼仓储部经理与出纳两职。肩负着根据仓储的初始数据为各类物料建立初始库存台账的重要任务。同时，还需要根据现金和银行存款的初始数额，设立现金及银行存款日记账，以确保公司财务记录的准确性和完整性。

三、制造企业建账

制造企业的财务部门在会计核算方面实行分工负责，各岗位职责明确。财务部经理负责管理总账，财务会计负责处理明细账，出纳负责记录现金日记账和银行存款日记账，成本会计则负责各类明细账的管理工作。在每个会计期初建账完成后，进行明细账与总账的核对工作，以确保期初余额的试算平衡，从而保障了财务数据的准确性和可靠性。

（一）财务部经理期初建账

财务部经理在企业中承担着总账记账的责任。在录入期初数据并开设总账时，财务部经理需确保填写准确的年、月、日，并以"上月结转"为摘要，明确标示余额的借贷方向。由于总账为订本式，无法添加账页，因此在开设总账前,必须根据总账页数、一级科目数量和业务量的预估,为每个科目预留足够的空间。例如,在现金总账可能占用 3 页,而银行日记账可能占用 4 至 7 页。此外,财务部经理还需在每页上写明账户名称,并粘贴表明账户名称的口取纸,以完成账户的开设工作。

(二)财务会计期初建账

在企业财务管理中,财务会计肩负着明细账的记账任务。在录入期初科目余额表后,财务会计逐一开设各明细账,根据会计科目表的顺序和名称,在每个明细账账页上精心建立相应的二、三级明细账账户,确保每个科目都至少有一个账页。在填写账页时,财务会计需要遵循一系列规定,包括年、月、日的要求,以及摘要中标注"上月结转",并根据科目余额表将相应的二、三级科目余额准确登记在明细账对应账户的余额栏内,清晰标注借贷方向。对于无余额的账户,简化登记流程,只需填写年,无需填写月、日和摘要,余额处也不用录入 0。此外,明细账是活页式的,可随时添加账页,财务会计在建账后需及时明确每页的二、三级明细账名称,并在每页账户的起始页左边缘贴上表明账户名称的口取纸,以确保账户开设的完整性和规范性。

(三)出纳期初建账

在企业财务管理中,出纳负责现金日记账和银行存款日记账的记账工作。出纳根据期初科目余额表,将期初余额录入现金日记账和银行存款日记账,并严格要求填写年、月、日,以及"上月结转"的摘要。根据科目余额表将相应的二级或三级科目余额准确登记在明细账对应账户的余额栏内,并清晰标明借贷方向。日记账以序时账的形式,按照经济业务发生的时间顺序,逐日逐笔记录,为企业提供了一份完整的经济业务流水账。

(四)成本会计期初建账

在企业财务管理中,成本会计承担着三栏式明细账、数量金额式明细账和多栏式明细账的记账任务。成本会计按照期初科目余额表,逐一录入期初余额,逐个开设各明细账,确保按照会计科目表的顺序和名称,在每个明细账账页上巧妙建立相应的二、三级明细账账户，保证每个科目至少有一个账页。明细账是活页式的，方便添加账页，成本会计在建账后需及时添加账页，并在每页上写明相应的二、三级明细账名称，同时在每个账户起始页左边缘贴上表明账户名称的口取纸，确保账户开设的规范性和完整性。

（五）仓管员期初建账

仓储部经理在企业中承担着建库存台账的任务，实施一物一账的管理制度。根据期初资料，经理建立库存台账，将物料的期初数量填入其中，以实现对库存物料和成品的精确核算和监督。在初次建账时，经理需进行全面的实物库存盘点，然后按各种物品分别建账，将盘点得出的实物库存数作为台账的期初库存。随后，每次入库和出库都要及时准确地在台账上登记，确保库存台账能够清晰地反映出物品的进、销、存情况，计算出准确的结存数量。

任务三　编制预算计划

全面预算是企业对未来特定时期内各业务活动和财务表现的全面性预测。这种预测分为经营预算和财务预算两大方面。经营预算涵盖开发、销售、销售费用、管理费用等多个层面，而财务预算包括投资、资金、预计利润表、预计资产负债表等。通过全面预算，企业能够更全面、系统地规划和控制各项活动，为决策提供有力支持，确保企业在未来时期的经营和财务表现符合预期目标。

预算与财务计划在企业管理中存在明显区别。预算被视为企业全方位的计划，涵盖多个方面，而财务计划只是预算的一部分。此外，预算可以以货币或实物的形式存在，而财务计划则主要以价值形态呈现。在管理范围上，预算构建了一个全面的系统，覆盖企业各个部门和不同层级，而财务计划的编制和执行主要由财务部门掌控。

全面预算是企业在一定时期内经营管理的全面计划，从销售预算出发，覆盖了经营、资本、财务等各个方面。它将企业的所有经济活动以货币形式详细呈现，最终形成一整套预计的财务报表和其他附表，用于规划和管理企业在计划期内的所有经济活动和财务状况。全面预算特点主要体现在"三全"：全方位覆盖了企业的全部经济活动，全过程涵盖了事前、事中、事后的管理过程，全员参与体现了各部门、各单位、各岗位、各级人员共同参与预算编制和实施的管理理念。

全面预算管理是现代企业发展中的重要推动力，作为一种管理系统，它在企业内部得到广泛应用。全面预算管理起源于20世纪20年代的美国，并很快就成为大型企业的标准操作程序。从最初的计划和协调演进为一种综合性的管理工具，全面预算管理不仅具有控制和协调功能，还包括激励、评价等多方面的作用，能够全面贯彻企业的经营战略。正如著名管理学家戴维·奥利所说，全面预算管理是为数不多的几种能够将企业所有关键问题融合于一个体系中的管理控制方法之一。

一、供应商预算

（一）供应商市场调研

供应商市场调研是企业为了提高销售决策的准确性、解决销售中的挑战以及发现潜在机遇而进行的一项重要工作。通过收集和分析制造商的原材料需求和市场预测信息，企业可以制定更具针对性的采购计划，并基于此编制详尽的市场分析报告。这些报告不仅为企业提供了有效的决策支持，也有助于把握市场动态，提升竞争优势。

（二）编制年度经营计划

经营计划是企业为实现经营目标而进行的重要管理活动，涵盖了市场策略、人员组织、生产计划和财务资源等多个方面。供应商总经理需要编制一份详尽的一年经营计划，其中明确了企业的目标、策略以及具体的工作安排。这份计划不仅是企业经营活动的先导，也是企业管理的重要指南，有助于提高企业的经营效率和竞争力。

二、客户预算

（一）客户市场调研

客户市场调研对于企业改善销售决策、解决销售问题以及发现市场机会至关重要。以某佳童车厂为例，他们通过查询历史订单、查看市场预测信息等手段，系统地收集市场需求，并结合预测数据编制市场分析报告。这份报告不仅为企业制定产品销售策略提供了依据，还可作为与制造业签订购销合同的参考依据，有助于确保企业与客户之间的合作顺利进行。

（二）编制年度经营计划

一年一度的经营计划是企业持续发展、实现目标的基石。为了确保公司的稳健前行，客户总经理需对六个方面进行全面规划，即明确经营目标、制定市场策略、优化组织人员策略、细化生产策略、落实财务资源策略，以及安排具体工作。

三、制造企业预算

（一）市场调研

以某佳童车厂为例，为深入了解各家客户的童车市场需求，制造企业营销部经理采取走访等方式进行调研。同时，借助VBSE系统，市场预测信息得以全面查看。基于市场需求和市场预测信息的综合分析，该公司编制了市场分析报告，为订制销售计划提供了重要的参考依据。

（二）编制年度经营计划

任务要求总经理制定一年经营计划，包括经营目标、市场策略、组织人员、生产策略、财务资源及工作安排。

（三）制定全年预算

全年预算是企业对未来一年经营、资金运作等方面的综合计划，将各种经济活动转化为货币形式进行规划。不同部门根据职责范围编制不同的预算，如营销部门编制市场开发计划和收入预算，生产计划部门编制产品开发计划，采购部门编制采购计划，人力资源部门编制培训计划、人员需求表和招聘计划，而财务部门则负责汇总各项预算，并编制预算执行表、资金计划表和支出预算表。

（四）编制各部门财务预算

财务预算是企业对未来一定期限内财务状况、经营成果和现金收支等进行综合预测的总称，包括现金预算、销售预算、生产费用预算、资本预算等多个方面。在各部门的协同努力下，财务部经理首先制定收入/支出预算表，随后总经理及各部门经理填写相应的支出预算表和收入预算表。这些预算表的交回被汇总编制为资金计划表，为企业的财务决策提供了重要的参考依据。同时，其他部门也编制了市场开发计划表、产品开发计划表和资产需求计划表，为企业的多方面经营活动提供了有序规划。

1.财务预算的作用

（1）财务预算在现代企业财务管理中具有重要作用，通过具体化、系统化和定量化的方式，全面协调规划了企业内部各部门的经济关系和职能。这使得企业能够统一追随未来经营总体目标，实现资源的最优配置和效率提升。同时，财务预算也让决策目标变得清晰具体，为企业的生产经营人员提供了明确的职责和目标，促进了组织内部的沟通和协作。

（2）财务预算有助于实现财务目标，通过建立评价企业财务状况的标准，对实际数与预算数进行比较，及时发现问题和调整偏差，使企业的经济活动按照预定目标进行。

（3）财务预算是总预算。财务预算作为总预算体系的最后环节，具有总括反映经营决策和业务预算结果的功能，使得整个预算执行更加清晰透明。全面预算体系中，财务预算占据核心地位，它综合包括销售预算和资本支出预算等多个方面，是企业年度收支总体计划的关键内容。这种全面性和综合性使财务预算成为企业预算管理中的核心，为企业制定明晰的经济计划和财务决策提供了基础和指导。

2.财务预算编制方法

（1）固定预算和弹性预算。固定预算和弹性预算在企业预算方法中有着明显的差异。固定预算以某一特定业务量为基础，确定所有其他预算项目；相对地，弹性预算则根据变动成本和固定成本来适应不同的业务量水平。固定预算着重于特定业务量，而弹性预算更加灵活，考虑了一系列可能的业务量水平。

（2）增量预算和零基预算。增量预算和零基预算在企业预算方法中有着显著差异。增量预算在基期成本基础上调整，相对容易编制，但容易造成预算冗余。相比之下，零基预算从零开始，不考虑过去情况，更能快速适应环境变化，紧密复核成本状况，但编制耗时巨大，需要全员参与。选择哪种预算方法取决于企业的特定需求和对成本控制的优先级。

（3）定期预算和滚动预算。企业预算中，定期预算按照会计年度为单位定期编制，而滚动预算则更为灵活，不受特定年度的束缚，持续不断地根据新情况调整并编制后几个月的预算，实现了连续规划未来经营活动。两者的主要区别在于预算期的固定性，定期预算以年度为单位，而滚动预算则保持持续的十二个月周期。

财务预算的日常管理被明确为预算制度成功的关键，其核心在于日常管理表的设计和应用。这管理表作为控制机制，具有及时发现和解决预算执行问题的功能，以最大程度提高预算实现的可能性。

（五）预算审核与签发

在财务部，经理将负责对各部门呈交的预算报表进行初步的审查，经过仔细核对确认无误后，经理将签署意见并提交给总经理进行进一步的审批。

（六）编制主生产计划

主生产计划（Master Production Schedule，MPS）是闭环计划系统中的重

要环节，其主要任务是确保销售规划和生产规划之间的一致性，以满足市场需求。通过综合考虑经营规划和销售规划，MPS能够有效协调生产计划，重点关注销售需求与生产能力的匹配，并通过调整计划以实现生产负荷平衡。这一过程由生产计划部经理负责，包括获取销售预测和订单数据，结合车间生产能力编制主生产计划，并提交给计划员和其他相关人员审批。

MPS是企业制定每一具体最终产品在特定时间段内生产数量的计划，可先考虑组件，最后确定最终装配计划。其焦点在于最终产品，明确品种和型号，时间段以周为主，也可为日、旬、月。主生产计划是独立需求计划，详细规定生产内容和时间，根据客户合同和市场预测将经营计划或生产大纲中的产品系列具体化，为物料需求计划提供主要依据，实现从综合计划向具体计划的平稳过渡。

主生产计划的核心在于根据企业实际能力确定生产任务，通过合理安排生产活动，实现生产规划的目标，从而提升客户服务水平、优化库存周转率和提高生产效率。主生产计划关键在于确保主生产计划在编制过程中不超出可用物料和生产能力范围，同时遵循一系列基本原则，以保持计划的切实可行和有效性。

1. 最少项目原则

为简化预测和管理工作，主生产计划的编制应尽量精简，避免项目数量过多。在不同的制造环境下，应选择适当级别的产品结构，以最少的产品或部件选型进行安排，从而提高管理、评审和项目控制的效率。这一策略能够有效改善生产计划的执行，并使生产过程更加高效和可控。

2. 独立具体原则

主生产计划的核心在于明确列出实际可构造的项目，而不是仅停留在项目组或计划清单的层面。这些项目必须能够分解成具体可识别的零件或组件，以确保生产过程的可行性和有效性。因此，MPS需要准确列出需要采购或制造的实际项目，以便有效地进行生产计划和物料管理。

3. 关键项目原则

主生产计划的编制应当重点考虑对生产能力、财务指标以及关键材料具有重大影响的项目。这些项目包括对生产能力的影响，如大批量项目、生产瓶颈环节或关键工作中心的项目；对财务指标的影响，如制造费用高、含有贵重部件或昂贵原材料、生产工艺费用高或部件有特殊要求的项目；以及对关键材料的影响，如提前期较长或供应受限的项目。

4. 全面代表原则

在制定计划的项目时，应确保其尽可能全面地反映企业的生产产品。MPS应涵盖受其驱动的物资需求计划（Material Requirement Planning，MRP）程序中的各类组件，并充分体现制造设施的相关信息，特别是关于瓶颈资源或关键工作中心的内容。

5. 适当裕量原则

在安排生产计划时，务必为预防性维修设备预留适当的时间，并确保生产计划具有一定的弹性。可以考虑将预防性维修作为一个专项任务纳入生产计划中，以确保设备的正常运行。

6. 适当稳定原则

在有效期限内，应保持主生产计划的稳定性。一旦主生产计划被制定，应在有效期限内保持稳定，避免随意更改。随意改动主生产计划可能会破坏原有合理的正常优先级计划，削弱整个系统的计划能力。因此，必须慎重对待主生产计划的变动，确保计划的稳定性和可持续性。

编制主生产计划详细视频讲解见资源3-1。

资源3-1

（七）编制物料净需求计划

总需求计划是生产计划所需的总量，净需求计划是扣除库存、已订购和在途量后的实际需求。生产计划员通过物料需求计算表计算需求，并将结果填入净需求计划表。经理审核确认无误后，留存一份，另一份送采购部经理。

项目四　供应商——虚拟供应商购销业务

【知识目标】
掌握供应商购销业务方法与流程
【能力目标】
通过实际案例进行分析和决策，将理论知识应用到实际业务场景中，培养解决问题的实际能力

任务一　签订采购订单（供应商、虚拟供应商）

【案例导读】
李某是一家小型制造公司的采购部经理，公司决定推出一款创新产品，于是，李经理面临了一项关键任务——签订采购订单，确保所需零部件及时到达，以支持新产品的生产。

这款新产品的关键零部件包括原材料、机械零件和电子元件。李经理发现市场上有多个潜在的供应商提供类似的零部件，每个供应商都以独特的价格、质量和交货时间吸引他的注意。

为了做出正确决策，李经理花费了很多时间分析每个供应商的优劣势。他考虑到公司有限的成本预算，同时不愿在产品质量和交货期上妥协。在这个挑战性的过程中，李经理发现一家供应商提供的零部件虽然价格较高，但质量和交货时间更可靠，而另一家供应商则在价格上更有竞争力，但质量和交货时间存在一定风险。

【思考】如果你是李经理，你会如何权衡供应商间的优劣势？在签署采

购订单之后，还要考虑哪些方面以确保整个流程的顺利执行？

一、任务描述

生产企业的生产活动，必须建立在采购基础上，缺乏采购环节，生产流程将无法顺利进行。

二、任务导入

根据生产需求和经济采购原则，供应商（某尼工贸有限公司）业务主管经过慎重考虑，决定了采购原料的种类、数量以及虚拟供应商。随后，业务主管向虚拟供应商下达采购订单，确保订单的准确无误。业务数据如图4-1所示。

订单	1期	1期金额	2期	2期金额	3期	3期金额	货品名称	规格型号
QC0043	2022-01-13	80500.00	2022-01-30	80500.00		0	坐垫	HJM500
QC0044	2022-01-13	149500.00	2022-01-30	149500.00		0	记忆太空棉坐垫	HJM500
QC0045	2022-01-13	92000.00	2022-01-30	92000.00		0	车篷	HJ72×32×40
QC0046	2022-01-13	46000.00	2022-01-30	46000.00		0	车轮	HJΦ外125×Φ内60mm
QC0047	2022-01-06	46000.00	2022-01-13	46000.00		0	经济型童车包装套件	HJTB100
QC0048	2022-01-13	253000.00	2022-01-13	253000.00		0	数控芯片	MCX3154A

图4-1 业务数据

三、知识储备

采购订单在企业采购管理中具有重要地位，它是企业与供应商之间的正式约定，确保原材料和配件及时供应，满足生产和需求部门的需求。通过制定切实可行的采购订单计划，并在执行过程中进行跟踪与管理，企业能够有效地管理采购环节，提高生产效率，保证产品质量。采购订单样图如图4-2所示。

供应商名称：					采购类型：				
合同编号：					付款方式：				
制单日期：					订单编号：				

序号	品名	规格	单位	到货时间	数量	单价/元	折扣率	金额小计/元
1								
2								
3								
金额合计		（大写）：				（小写）：		
备注								

采购部经理：　　　　　　　　　　　　　　　　采购员：

第一联　采购部留存

供应商名称：					采购类型：				
合同编号：					付款方式：				
制单日期：					订单编号：				

序号	品名	规格	单位	到货时间	数量	单价/元	折扣率	金额小计/元
1								
2								
3								
金额合计		（大写）：				（小写）：		
备注								

采购部经理：　　　　　　　　　　　　　　　　采购员：

第二联　仓储部留存

供应商名称:							采购类型:			
合同编号:							付款方式:			
制单日期:							订单编号:			

序号	品名	规格	单位	到货时间	数量	单价/元	折扣率	金额小计/元
1								
2								
3								
金额合计	(大写):				(小写):			
备注								

采购部经理:　　　　　　　　　　　　　采购员:

第三联　财务部留存

供应商名称:							采购类型:			
合同编号:							付款方式:			
制单日期:							订单编号:			

序号	品名	规格	单位	到货时间	数量	单价/元	折扣率	金额小计/元
1								
2								
3								
金额合计	(大写):				(小写):			
备注								

采购部经理:　　　　　　　　　　　　　采购员:

第四联　供应商留存

图 4-2　采购订单样图（一式四联）

四、实施步骤

根据实际生产需求，经过严格筛选和评估，选定供应商（某尼工贸有限公司）就所需采购的商品进行确认，并按照规定的程序，细致填写并审核采购订单，同时，对于采购合同执行情况也将进行如实登记。依照图 4-3 所示的操作步骤，确保采购订单的签订工作得以顺利完成。

序号	操作步骤	角色	操作内容
1	准备填制采购订单	供应商业务主管	查看流程图，做好记录系统选单的准备
2	在VBSE系统中进行选单	供应商业务主管	供应商从虚拟市场中选择自己的采购料品，并下达采购订单
3	填写采购订单	供应商业务主管	填写纸质采购订单，并送交总经理审核
4	审核采购订单	供应商总经理	接收业务主管送交的采购订单，审核无误后在"采购部经理"位置签字确认
5	登记采购合同执行情况表	供应商业务主管	业务主管将采购订单的采购部留存联和供应商留存联保管，并在"采购合同执行情况表"上记录此次采购的明细
6	接收采购订单财务联	供应商总经理	在供应商企业担任财务职能的供应商总经理接收采购订单的财务联，以便采购到货进行记账时核对
7	接收采购订单仓储联	供应商行政主管	担任仓储职能的供应商行政主管接收采购订单仓储联，以便采购到货仓库收货时核对

图 4-3　采购订单签订业务流程

五、线下填单

供应商名称：某尼工贸有限公司　　　　　　　采购类型：正常采购
合同编号：CG – HT – 202107001　　　　　　　付款方式：月结
制单日期：2021.08.08　　　　　　　　　　　　订单编号：CG – HT – 202108001

序号	品名	规格	单位	到货时间	数量	单价/元	折扣率	金额小计/元
1	钢管	Φ外16/Φ内11/L5000mm	根	2021.09.08	5000	70.2	0	351000.00
2	—	—						
3								
金额合计		（大写）：叁拾伍万壹仟元整				（小写）：351000.00		
备注								

采购部经理：李某　　　　　　　　　　　　　　　　　　　　采购员：付某

第一联　采购部留存

图 4-4　采购订单填制样例

某尼工贸有限公司的供应商业务主管在完成供应链任务时，必须按照线上操作流程中规定的顺序，与相关人员协同完成采购订单的填写和信息传递工作。这其中包括熟练掌握填制采购订单和记录采购执行情况表的操作步骤，以确保任务的有序执行，提高工作效率。采购订单填制样例如图4-4所示。

签订采购订单操作详细视频讲解见资源4-1。

资源4-1

任务二　采购入库（供应商）

【案例导读】

小张是某高科技制造企业的入库管理团队负责人。最近，他发现公司的入库流程存在一系列问题，令人头疼不已。首先，供应商交货时间不确定，时有提前、时有延迟，让原材料的到货时间无法预期。其次，入库人员缺乏及时的供应链信息反馈，无法第一时间了解到原材料的到货情况，导致了信息不畅通。更为严重的是，由于原材料堆积在库房中，缺乏有序管理，使得库房变得一团糟，给后续的生产计划带来了极大的不确定性。这些问题让小张深感入库管理的紧迫性和重要性，他决心着手解决这一系列问题，为公司的供应链管理找到更为顺畅的道路。

【思考】库房混乱的管理状况可能导致原材料的损耗、遗失，从而进一步影响产品质量和交货准时性。如果你是小张，你会如何改善这一问题？

一、任务描述

物料验收在供应链管理中起着至关重要的作用。验收人员根据采购员填写的通知单或供应商提供的同行联,仔细清点货品并手工记录收货信息。对于不合格的货品,他们会按照规定的代管入库流程,将其暂时存放在不合格区,随后与采购员和供应商取得联系,共同处理并保障物料的质量和合规性。

二、情景导入

H钢铁厂10月份的钢管材料已按照合同规定运送至某尼工贸有限公司的指定仓库,并由供应商行政主管与业务主管协同完成了材料入库工作。关于此次业务的详细数据如图4-5所示。

供应商名称:H钢铁厂				采购类别:正常采购				
合同编号:CG-HT-202107001				付款方式:月结				
制单日期:2021.07.15				订单编号:CG-HT-202108001				
序号	品名	规格型号	单位	到货时间	数量	单价	折扣率	金额小计
1	钢管	Φ外16/Φ内11/L5000mm	根	2021.09.08	5000	70.2	0	351000.00
合计								351000.00

图4-5 采购订单

三、知识储备

(一)物料验收

物料验收是仓管员在入库过程中执行的关键活动,通过遵循验收标准和业务流程,仓管员运用计量、测试以及质量检验知识,对即将入库的物料进行仔细的数量和质量检查。

(二)采购入库单

采购入库单,是企业与外部供应商之间关于原材料或产品入库的正式书面凭证。除了翔实记录物品的基础信息外,如编号、名称、规格型号、计量单位和实际验收数量等,还必须包括供应商的详细信息以及本次采购的订单号,以备后续核对与审计。

其具体格式如图 4-6 所示。

采购入库单							
制单日期：				仓　　库：			
供应商名称：				类　　型：			
单据编号：				采购订单号：			
序号	品名	规格型号	单位	入库时间	数量	备注	
							第一联：仓储部
仓储部经理：			仓管员：				

图 4-6　采购入库单样图

（三）物料卡

物　料　卡					
存货类别：		仓位：		物料名称：	
物料编号：		规格：			
日期	入库	出库	结余	经手人	备注

图 4-7　物料卡样图

"账、卡、物相符"原则是仓库管理中的基石,强调了账面记录、物理存货和相应的标识卡之间的一致性。其中,"卡"代表着仓库现场的物料标识卡,这是一种对库存进行实时追踪和标识的手段。其具体格式如图4-7所示。

物料卡在仓库管理中发挥着重要作用,它不仅增加了账面核对环节,确保了账面库存与实际库存的一致性,还起到了标识作用,使得现场物料一目了然,方便管理和参观。此外,物料卡还能够帮助仓库人员及时发现库存差异,加强检查监督工作,并便于各种盘点操作的进行,从而提高了库存管理的效率和准确性。

四、实施步骤

根据采购订单的要求,必须密切关注材料的发货、出库以及到货情况。对于某恒橡胶厂的钢管材料,要严格进行验收,并确保其准确入库。按照图4-8所示步骤,完成材料采购入库。

序号	操作步骤	角色	操作内容
1	物料验收	供应商行政主管	1.根据物料的检验标准进行质量、数量、包装检测主管 2.根据检验结果填写物料检验单并签字确认 3.检验无误,在发货单上签字
2	填写采购入库单	供应商行政主管	1.根据物料检验单填写入库单(一式三联) 2.将入库单自留一份,另外两联交业务主管及总经理
3	登记采购合同执行情况表	供应商业务主管	1.接收仓库员送来的入库单 2.登记采购合同执行情况表 3.将发票(发票联和抵扣联)和对应的入库单的财务联送交总经理
4	在系统中处理采购到货	供应商行政主管	在VBSE系统中确定采购物料到货
5	填写物料卡	供应商行政主管	将货物摆放到货位,根据入库单数量填写物料卡
6	登记库存台账	供应商行政主管	根据入库单登记库存台账
7	填制记账凭证	供应商总经理	1.接收发票和入库单 2.填制记账凭证

图4-8 采购入库业务流程

五、线下填单

采购入库单

制 单 日 期：2021.10.28　　　　　　　　仓　　库：普通仓库
供应商名称：H 钢铁厂　　　　　　　　　类　　型：原材料采购
单 据 编 号：CK-CLRK-2021010001　　　采购订单号：CG-HT-202108001

序号	品名	规格型号	单位	入库时间	数量	备注
	钢管	外径6/壁厚5/长50000（mm）				

第二联：仓储部

仓储部经理：　　　　　　　　　仓管员：

图 4-9　采购入库单填制样例

物 料 卡

存货类别：商品　　　　　仓位：成品仓　　　　　物料名称：钢管
物料编号：00001　　　　　规格：外径16/壁厚5/长50000（mm）

日期	入库	出库	结余	经手人	备注
2021.10.28	15000		20000.00	付某	

图 4-10　物料卡填制样例

供应商(某尼工贸有限公司)行政主管需严格遵循操作流程中顺序,与任务相关人员紧密协作,共同完成单据的准确填制和信息的及时传递。在此过程中,供应商(某恒橡胶厂)行政主管还需熟练掌握采购入库单、物料卡的填制方法,确保数据的准确性和完整性。采购入库单、物料卡填制样例如图 4-9 和图 4-10 所示。

任务三　支付货款(供应商)

一、任务描述

针对到期未付款的货款,采购部需正式提出付款申请。在此过程中,需详细填写"付款申请书",确保收款单位、货款所属期以及货款金额等信息准确无误。随后,需将收款人发票或收据、到货单、验收单以及供应商对账单等文件一并提交。最终,交由相关负责人进行签字确认,以确保货款支付流程的规范性和准确性。

二、情景导入

根据采购订单和采购合同的规定,某尼工贸有限公司已向 H 钢铁厂支付货款。业务数据如图 4-11 所示。

回款日期	虚拟供应商	供应商	支付方式	回收金额
2011 年 10 月 28 日	H 钢铁厂	某尼工贸有限公司	VBSE 系统在线支付	10500000.00

图 4-11　业务数据

三、知识储备

(一) 代开增值税专用发票

《税务机关代开增值税专用发票管理办法(试行)》的制定旨在强化对

税务机关代开增值税专用发票的管理。根据该办法规定，增值税小规模纳税人在向一般纳税人销售货物或提供应税劳务时，如果购货方要求提供增值税专用发票，税务机关可以代开。然而，此权限仅限于税务机关，其他单位和个人不具备代开增值税专用发票的资格。增值税专用发票样例如图 4-12 所示。

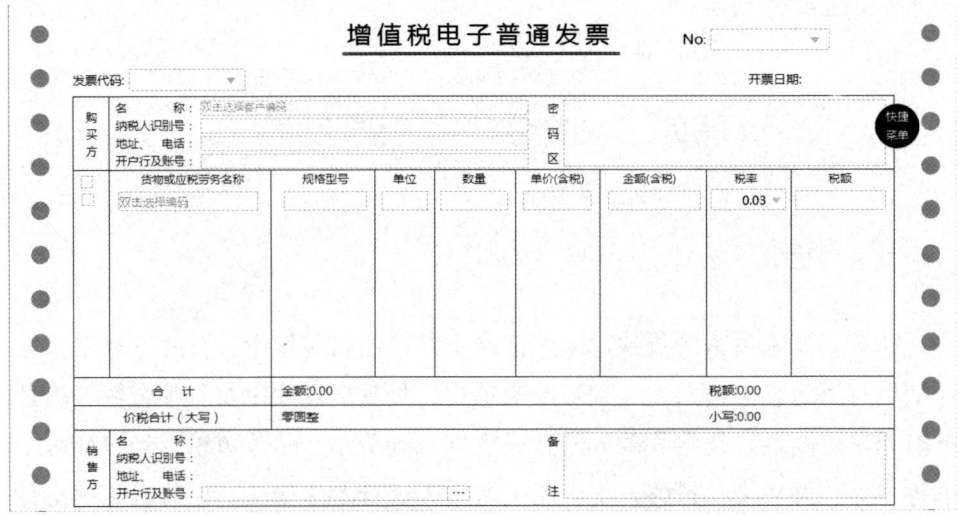

图 4-12　增值税专用电子发票样图

（二）代开发票项目填写

（1）在"单价"一栏和"金额"一栏，需清晰填写不含增值税税额的单价和销售额。

（2）"税率"一栏需填写增值税的实际征收率，确保税款的正确计算和征收。

（3）在"单位"一栏，需填写代开税务机关的统一社会信用代码和代开税务机关的名称。

（4）在"开户银行及账号"一栏，需填写税收完税凭证号码，以便于税务机关核实和监管。

（5）在"备注"一栏，需注明增值税纳税人的名称和纳税人识别号。

（6）其他项目应按照专用发票的有关规定进行填写。

(三)代开发票需要提供的资料

根据相关规定,申请代开发票需提交以下资料:

(1)提交《税务登记证》副本原件。

(2)在主管税务局办税服务大厅领取并填写《代开发票申请表》一式二份,确保填写准确无误。

(3)提供购货方《增值税一般纳税人资格证书》复印件或《国税税务登记证》(副本)复印件。

(4)提供进货发票原件及复印件(销售货物需提供),以备核实交易真实性。

(5)提交发票专用章印模(国税)。

在资料完整、填写内容准确、各项手续齐全的情况下,税务机关应当场办结代开发票申请。为提高办事效率,税务机关采取"先缴税后开发票"的方法,并普遍采用一窗式服务,以便于申请人在一个窗口完成代开发票的申请和办理。

序号	操作步骤	角色	操作内容
1	查询未付款采购订单	供应商业务主管	在 VBSE 系统中查询销售未付款采购订单,确定需要支付的款项和销货方
2	支付材料款	供应商行政主管	在 VBSE 系统中在线支付材料款
3	去国税局申请代开发票	供应商总经理	因为销货方是外部虚拟商业社会环境,供应商为了能够抵扣进项税,需要向国税局提出申请;由国税局为虚拟销货方开具增值税专用发票
4	查询已付款未开票采购订单	国税局专管员	1.在 VBSE 系统中查询:提出申请的供应商已付款未开票采购订单 2.确定为哪张采购订单代开发票
5	根据采购订单开具发票	国税局专管员	1.填写增值税专用发票 2.在"销货单位:(章)"处,盖国税局章 3.将发票交给供应商总经理
6	填写记账凭证	供应商总经理	根据增值税专用发票,填写记账凭证
7	登记银行存款日记账	供应商行政主管	根据记账凭证登记银行存款日记账

图 4-13 原材料款支付业务流程

关于销项税额(或进项税额)的计算,采用含税销售收入除以(1+适用税率)再乘以适用税率的方式计算。以含税销售收入为 100 元、适用税率为 13%为例,销项税额(或进项税额)=100/(1+13%)×13%。

四、实施步骤

根据采购合同及采购合同执行情况表,对供应商(某尼工贸有限公司)的应付货款情况进行核实查询。按照图 4-13 所示步骤,完成货款支付。

有关支付虚拟工贸企业贷款的详细视频讲解见资源 4-2。

资源 4-2

项目五　制造企业——供应商购销业务

【知识目标】
掌握制造企业供应商购销业务方法与流程
【能力目标】
具备建立、评估和维护供应商关系的能力
有效管理和利用采购相关信息，支持决策制定
【案例导读】
　　某制造企业为规范供应商购销业务，制定了一项规定：供应商逾期交货将面临一定的违约责任，并会影响未来的合作机会。这一规定的目的在于确保生产计划的稳定和产品质量的可控。然而，在实际执行中却遇到了一些挑战。公司的一个关键供应商由于生产线故障导致交货延误。面对这一情况，采购团队深知这并非供应商故意，但规定明文规定了责任。然而，领导层因为考虑到维护长期供应商关系的重要性，迟迟未能就是否执行罚款一事达成一致。在这个过程中，公司的领导层开始重新审视规定的制定过程。他们开始意识到，尽管规定是为了维护业务流程的稳定性，但在实际操作中，需要考虑到供应链的复杂性和不确定性。一味强调规定的刚性执行可能会在长期内影响与供应商的关系，对公司整体业务产生负面影响。

　　【思考】制定规定时，企业应该如何平衡规范采购流程和维护供应商关系之间的矛盾？如何通过规范的执行来提升整个采购流程的效率和透明度，从而实现供应链的稳定和优化？

任务一 编制采购合同草案(制造企业)

一、任务描述

某佳童车厂作为一家专注于大批量生产组装童车的骨干企业,深知采购环节在生产过程中的重要性。为确保大批量产品的顺利生产组装,必须要有充足的原材料及零部件供应。采购是生产企业开展生产的前提,缺乏这一环节的支持,生产将无法顺利进行。

二、任务导入

根据实际生产需求,某佳童车厂需进行钢管等原材料的采购工作。业务数据如图5-1所示。

序号	品名	规格	单位	到货时间	数量	单价	金额小计
1	钢管	Φ外16/Φ内11/L5000mm	根	2021.11.28	3500	70.20	254700.00

图 5-1 业务数据

三、知识储备

根据采购物料品类及供应市场状况,与供应商充分沟通后,制造企业应按照采购合同规定格式,制定采购合同草案。草案应明确采购物品的规格、技术标准、质量保证、订购数量、包装要求、售后服务、价格、交货日期与地点、运输方式、付款条件等细则。具体格式如图5-2所示。

钢管采购合同草案

甲方：

乙方：

经甲、乙双方友好协商，本着平等互利的原则，根据《中华人民共和国民法典》及相关法律法规的规定，现就乙方供应甲方XX钢管，达成一致意见，为明确双方权利和义务，特订立本合同。

一、采购物品名称、规格、数量及价格

序号	品名	规格	单位	数量	含税价	折扣率	合计	备注
1	钢管	D16*S3*L5000MM	根					协议价
—		—	—					
合计		（大写）：			（小写）：¥			

表中所列数据为合同期内预计的总采购数量，仅供乙方作计划参考时使用，甲方对此不作采购承诺，实际的订货数量以每月下达的采购订单为准。

二、质量标准

甲方授权乙方供应符合国家质量标准和甲方生产要求的货物，乙方的物资符合规定的标准与随货文件一致。

三、付款方式

整张订单的所有货物都运到甲方后，经检验合格，于次月付清本张订单的货物的款项。乙方给甲方发票为13%的增值税发票，货到票到。

四、交货地点

某佳童车厂材料仓库

五、验收方式

数量验收，以"捆"为单位，每捆100根钢管，每批抽检10捆，<u>重量</u>验收，重量应在标准<u>重量</u>的±1范围内，质量验收，每批货物的质量以随货文件注明的<u>质量</u>为依据，不另作质量检验，但在使用过程中，如有质量问题，乙方须及时处理有关善后事宜，负担所有费用，若给甲方造成损失的，乙方应赔偿甲方全部损失。

六、供货时间

日期前至少一个月下达采购订单。每批货物的供货时间以每月下达的采购订单上的交货日期为准，甲方承诺在交货日期前至少一个月下达采购订单。

七、货物包装与运输

1.如乙方提供的货物包装或产品规格不符合要求，甲方有权拒收货物，具体检验要求见细则，如甲方拒收，乙方必须按照合同的约定另行提供符合要求的货物，且由此造成的各种损失均由乙方承担责任。

2.乙方负责货物运输与装御作业，乙方将货物运送至交货地点，并卸货到指定货位后，甲方及时验收。

3.运输过程中，货物破损、灭失等各种风险均由乙方承担责任。

八、其他事项

1.如果供应的货物行情有较大幅度的变化，经双方协商可根据市场价格对供货产品的价格做出必要的调整，协商不成，仍按原条款执行。

2.如不可抗力造成损失，双方应协商解决，但不承担对方损失的赔偿责任。

3.双方都应保守对方的商业机密。

九、不可预见的争议

对于不可预见的争议，双方协商解决，如有异议，申请"齐齐哈尔市仲裁委员会"仲裁，仲裁方为最终裁决。

十、合同有效期：2021 年 10 月 8 日起至 2021 年 12 月 30 日止。

十一、本合同一式两份：甲乙双方各执一份，且有同等的法律效力，双方签字盖章后生效。

十二、合同签订地点：某佳童车厂

甲方（盖章）：	乙方（盖章）：
法人代表：	法人代表：
委托代理人：	委托代理人：
电话：	电话：
传真：	传真：
开户行：	开户行：
账号：	账号：
签字日期：	签字日期：

包装说明

规则

1. 每捆 50 根钢管，横向 10 根，高 5 根。
2. 每捆用 3 道 w10*h1mm 的钢条紧密捆扎，形成一个整体。

图 5-2 钢管采购合同草案样图

四、实施步骤

根据物料采购的种类以及市场供应状况，应与供应商就采购物品的规格、质量保证、订购数量、价格、交货日期等进行严谨的沟通，以确保采购工作的顺利进行。按照图 5-3 所示步骤，完成采购合同草案的编制工作。

序号	操作步骤	角色	操作内容
1	编制采购合同草案	采购部经理	1.查看现有供应商的考评档案及原采购合同的到期日期 2.采购部内部开会，启动采购合同草案的编写 3.采购合同草案的编制由采购部经理主导，采购员协助完成 4.制订工作计划，指定采购合同编写工作的分工 5.确定采购合同的结构
2	确定合同条款	采购员	确定采购合同需要强化的条款：数量条款、价格条款、品质条款、支付条款、检验条款、包装条款、装运条款、保险条款、仲裁条款、不可抗力条款
3	确定合同样本	采购部经理	1.接收采购员送来的采购合同条款，审核采购合同条款的合理性 2.形成采购合同草案 3.与采购员一起讨论，共同确定采购合同样本

图 5-3 编制采购合同草案业务流程

任务二 签订采购合同(制造企业供应商)

一、任务描述

在经过认真的谈判和协商后,企业购销双方一致同意并签订"供需关系"采购合同。此合同是双方共同遵守和履行的法律文件,因为签订合同的双方均具有各自的经济目的。

二、任务导入

因生产需要,某佳童车厂计划采购钢管等原料。详细的业务数据参见图5-4。

序号	品名	规格	单位	到货时间	数量	单价	金额小计
1	钢管	Φ外16/Φ内11/L5000mm	根	2021.11.28	3500	70.20	245700.00
2	坐垫	HJM500	个	2021.11.28	1750	62.00	108500.00
3	车篷	HJ72*32*40	个	2021.11.28	1250	70.70	88375.00
4	车轮	HJΦ外125*Φ内60mm	个	2021.11.28	5000	23.40	117000.00
5	包装套件	HJTB100	个	2021.11.28	1250	23.40	29250.00
金额合计							588825.00

图5-4 业务数据

三、知识储备

采购合同是供应商与分供方经过深入协商后达成的法律性文件,旨在明确双方在供需关系中的权利与义务。作为具有法律约束力的文件,采购合同不仅保护了双方的利益,还为双方之间的合作提供了坚实的法律基础。在签订合同过程中,双方应充分了解合同条款的具体含义,确保合同内容的准确性和完整性在任何情况下,双方都应遵循《经济合同法》的相关规定,维护合同的严肃性和法律效力。具体格式如图5-5所示。

合同编号：

材料采购合同

甲方：
乙方：
　　经甲、乙双方友好协商，本着平等互利的原则，根据《中华人民共和国民法典》及相关法律法规的规定，现就乙方向甲方供应生产物资事宜，达成一致意见，为明确双方权利和义务，特订立本合同：
　　一、产品、规格、数量及价格：

序号	品名	规格	单位	数量	含税价	折扣率	合计	备注
金额合计	（大写）：				（小写）：			

　　表中所列数量为合同期内预计的总采购数量，仅供乙方作计划参考时使用，甲方对此不作买购承诺。实际的订货数量以每月下达的采购订单为准。
　　二、质量标准：
　　甲方授权乙方供应符合国家质量标准和甲方生产要求的货物。乙方的货物必须符合规定的标准和随货文件要求。
　　三、付款方式：
　　双方选择以下第_____种方式支付货款。发票为13%的增值税发票，货到票到。
　　（1）留质保金结算。即乙方前一期货物送达且验收合格后，留下_____元作为质量保证金，其余款项货到后当月内付清，合同期限届满，货物没有发生质信问题，质量保证金全部退还乙方。
　　（2）整张订单的所有货物都运到甲方后，经检验合格，于次次月内付清本张订单的货物款项。
　　四、交货地点：
　　_____。运输建程中货物损毁、灭失等各种风险均由乙方承担责任。
　　五、供货时间：
　　每批货物的供货时间以每月下达的采购订单上的交货日期为准。
　　甲方承诺在交货日期至少一个月下达采购订单。
　　六、双方的权利和义务：
　　1、如果供应的货物行情有较大幅度的变化，经双方协商可根据市场价格对供货产品的价格做出必要的调整。协商不成，仍按原条款执行。
　　2、如乙方提供的货物包装或产品规格不符合要求，甲方有权拒收货物。如甲方拒收，乙方必须按照本合同的约定另行提供符合要求的货物，且由此造成的各种损失均由乙方承担责任。
　　3、甲方应在乙方所送的货物到达后及时进行质量检测，如发发现质量问题，乙方须立即现场处理善后事宜。因此给甲方造成损失的，乙方应承担甲方为此支付的所有费用（包括但不限于赔偿的费用、必要的律师费、罚款等）。

4．双方都应保守对方的商业机密。

七、合同有效期：_____年_____月_____日起至_____年_____月_____日止。

八、本合同一式两份，甲乙双方各持一份，具有同等法律效力，双方签字盖章后生效。双方发生争议时，协商解决，协商不成任何一方均有权向甲方所在地仲裁委员会或人民法院提起诉讼。

九、货到票到，发票为13%的增值税发票。

十、合同签订地点：_____

甲方（盖章）：　　　　　　　　　　乙方（盖章）：
法人代表：　　　　　　　　　　　　法人代表：
委托代理人：　　　　　　　　　　　委托代理人：
电话：　　　　　　　　　　　　　　电话：
传真：　　　　　　　　　　　　　　传真：
开户行：　　　　　　　　　　　　　开户行：
账号：　　　　　　　　　　　　　　账号：
签字日期：_____年_____月_____日　签字日期：_____年_____月_____日

图 5-5　采购合同样图

序号	操作步骤	角色	操作内容
1	起草采购合同	采购员	1．采购人员根据采购计划选择合适的供应商，沟通采购细节内容 2．起草采购合同，一式两份
2	合同会签	采购员	1．采购员填写合同会签单 2．采购员将采购合同和合同会签单送采购部经理审核
3	审核采购合同	采购部经理	1．采购部经理接收采购员交来的采购合同及合同会签单 2．采购部经理审核采购合同内填写的准确性和合理性 3．采购部经理在合同会签单上签字确认
4	审核采购合同	财务部经理	1．财务部经理接收采购员交来的采购合同及合同会签单 2．财务部经理审核采购合同的准确性和合理性 3．财务部经理在合同会签单上签字确认
5	审批采购合同	总经理	1．总经理接收采购员送来的采购合同及合同会签单 2．总经理审核采购部经理和财务部经理是否审核签字 3．总经理审核采购合同的准确性和合理性 4．总经理在合同会签单上签字 5．总经理在采购合同上签字 6．总经理签完交给采购员
6	合同盖章	行政助理	1．采购部经理把采购合同和合同会签单交给采购员去盖章 2．采购员拿采购合同和合同会签单找到行政助理盖章 3．行政助理检查合同会签单是否签字 4．行政助理给合同盖章 5．行政助理将盖完章的采购合同交给采购员
7	采购合同存档	行政助理	1．行政助理收到采购合同 2．行政助理更新合同管理表——采购合同 3．行政助理登记完，把采购合同留存备案

图 5-6　签订采购合同

四、实施步骤

根据物料品类及市场供应状况,针对采购物品的规格、技术标准、质量保证、订购数量、包装要求、售后服务、价格、交货日期与地点、运输方式、付款条件等要素,与供应商进行深入沟通。在达成一致意见后,制造企业按照采购合同的规定格式,制定出规范的文本。按照图5-6所示的步骤,完成采购合同的签订。

任务三 录入材料采购订单(制造企业)

【案例导读】

小杨入职了一家制造企业,在采购订单录入过程中,团队遇到了一些困难,主要集中在以下几个方面:

数据整理困难:由于每个小组从不同的供应商处采购材料,采集到的信息格式和内容各不相同。这导致在将数据整理成统一的录入格式时,需要花费较多时间和精力进行信息的筛选和整理。

信息核对困难:由于涉及多个供应商和大量的订单信息,团队成员在录入订单时需要进行双重甚至多重核对,以确保录入的信息与实际采购数据一致。这一过程比较烦琐,容易出现遗漏或错误。

系统操作困难:一些团队成员对公司内部采购系统的操作不够熟练,需要花费一定时间来学习和适应系统的录入流程和操作规范。这导致了一些录入工作的延迟和错误。

沟通协调困难:由于团队成员分散在不同的部门或地点,沟通协调工作相对困难。在核对订单信息和解决录入过程中的问题时,需要通过电话、邮件等方式进行沟通,这可能会导致信息传递不及时或不准确。

【思考】如果你是小杨你会提出什么建议改善这种情况?

一、任务描述

根据材料采购合同规定,准确录入采购订单,并及时传达至供应商进行执行。在执行过程中,密切跟踪订单情况,以确保企业能够从采购环境中获得所需的商品。

二、任务导入

根据所提供的采购合同,某佳童车厂已按照 VBSE 系统的要求,准确无误地录入了材料采购订单。业务数据见图 5-4。

三、知识储备

根据企业的生产计划和实际需求,企业应制定一份翔实的采购订单计划,并严格按照计划执行。在执行过程中,企业应对订单进行全程跟踪,确保采购的商品符合生产部门和需求部门的要求。同时,企业应与供应商保持密切沟通,确保采购的原材料和配件质量合格,以保障企业的正常生产和经营,具体数据见图 4-2。

四、实施步骤

根据材料采购合同的条款,某佳童车厂的采购人员需按照规定的程序,将材料采购订单准确无误地录入系统。供应商(某恒橡胶厂)业务主管在接收到订单后,需认真审核并确认订单的各项内容。通过图 5-7 所展示的操作步骤,确保材料采购订单的录入工作得以顺利进行并完成。

序号	操作步骤	角色	操作内容
1	在 VBSE 系统中录入采购订单	采购员	根据制造业与供应商签订好的采购合同,将采购订单信息录入 VBSE 系统
2	在 VBSE 系统中进行制造企业订单确认	供应商业务主管	供应商业务主管根据双方之前签订的采购合同审核采购订单的内容,无误后确认订单

图 5-7 录入材料采购订单业务流程

五、线下填单

某佳童车厂的采购员在进行线下采购操作时，需遵循操作流程，按照任务顺序完成单据填制和信息传递。其中，重要的任务之一是学会填制采购订单，并确保及时将相关信息录入 VBSE 系统，以保持采购流程的顺畅和信息的准确性。采购订单填制样例如图 5-7 所示。

供应商名称：某尼工贸有限公司					采购类型：正常采购				
合同编号：CG-HT-202100001					付款方式：月结				
制单日期：2021.11.12					订单编号：CG-DD-202110001				
序号	品名	规格	单位	到货时间	数量	单价	折扣率	金额小计
1	钢管	Φ外 16/Φ内 11/L5000mm	根	2021.11.28	3500	70.20	0	245700.00
2	坐垫	HJM500	个	2021.11.28	1750	62.00	0	108500.00
3	车篷	HJ72*32*40	个	2021.11.28	1250	70.70	0	88375.00
4	车轮	HJΦ外 125*Φ内 60mm	个	2021.11.28	5000	23.40	0	117000.00
5	包装套件	HJTB100	个	2021.11.28	1250	23.40	0	29250.00
金额合计		（大写）：伍拾捌万捌仟捌佰贰伍元整				（小写）：588825.00		
备注								
采购部经理：李某							采购员：付某	

（第一联：采购部留存）

图 5-7 采购订单填制样例

录入采购订单的相关视频讲解见资源 5-1。

资源 5-1

任务四　确认材料采购订单（供应商）

一、任务描述

在购销业务中，销售方应严格履行确认销售订单的职责，按照销售合同的各项条款，在规定时间内保质保量地交付货物。

二、任务导入

按照销售合同条款，某尼工贸有限公司的业务主管已对佳童车厂的采购订单进行仔细审核，并已确认无误。业务数据如图 5-4 所示。

三、知识储备

采购订单审核工作主要对货物的名称、质量标准、实际数量、单价设定、交货期限、交货方式、付款方式以及包装要求等要素进行严格把关。

四、实施步骤

供应商（某尼工贸有限公司）业务主管需对订单中的各项内容进行严格审核，包括货物的名称、质量、数量、单价、交货期限、交货方式、付款方式以及包装等。在审核过程中，业务主管需遵循图 5-8 所示的步骤，完成制造企业采购订单的最终确认。确认采购订单详细视频讲解见资源 5-2。

资源 5-2

序号	操作步骤	角色	操作内容
1	在 VBSE 系统中进行订单确认	供应商业务主管	供应商业务主管根据双方之前签订的采购合同审核采购订单的内容，无误后确定订单

图 5-8　确认制造企业采购订单业务流程

任务五　销售发货（供应商）

【案例导读】

随着全球经济的日益发展和跨境贸易的不断增长，企业面临着更加激烈的市场竞争。在这个竞争激烈的环境中，销售发货作为贸易链条中的重要一环，显得愈发关键。随着消费者对于服务质量和物流速度的不断提升的期望，企业需要更为高效和精确地执行销售发货流程，以保持市场竞争力。

"某天科技"电子产品公司在新产品发布后销售量飙升。他们的销售团队努力推动着订单，但在销售发货的关键阶段出现了问题。由于库存管理不善和物流协调不当，很多订单未能按时发货，客户开始抱怨，信任度受到了严重影响。

【思考】你认为在当前数字化和技术发展的背景下，企业可以如何利用新技术来改进销售发货流程，提高整体运营效率？

一、任务描述

在销售过程中，货物发送至客户的行为是至关重要的环节，它不仅是销售流程的核心，更是企业物流运作的关键所在。通过销售发货这一环节，相关信息得以传递至库存、存货以及应收等系统，从而确保企业物流的顺畅运转。

二、任务导入

根据销售合同的相关条款，供应商（某尼工贸有限公司）已将所供应的商品交付给某佳童车厂。业务数据如图 5-4 所示。

三、知识储备

发 货 单				
单据编号：	日　　期：		交货日期：	
客户名称：	仓　　库：		联系人：	
产品名称	产品型号	发货数量	备注	
				第一联：销售部留存
客户：	财务经理：		销售经理：	

发 货 单				
单据编号：	日　　期：		交货日期：	
客户名称：	仓　　库：		联系人：	
产品名称	产品型号	发货数量	备注	
				第二联：财务部留存
客户：	财务经理：		销售经理：	

发 货 单

单据编号：	日　期：	交货日期：
客户名称：	仓　库：	联系人：

产品名称	产品型号	发货数量	备注

客户：　　　　　财务经理：　　　　　销售经理：

第三联：客户留存

图 5-9　发货单样图

销售发货系指企业将货物发运至客户的行为，而销售发货单则承担着反映发货信息的角色。在销售过程中，发货业务无疑占据着核心地位。通过销售发货这一环节，企业可实现库存、存货及应收等系统的信息交互，从而推动企业物流的正常运转。此外，销售发货还承担着承接订单、通知实物出库、接收客户签收信息以及生成发票等多项任务。销售发货单如图 5-9 所示。

四、实施步骤

某尼工贸有限公司业务主管要依据销售订单所确定的交货日期，严谨地填写产品发货单。同时，仓储部门的工作人员也会精确地填写出库单，作为向客户发货的依据。销售人员要根据这些单据，确保货物准确无误地送达客户手中。财务部门在收到出库单后，要按照相关规定开具销售发票。为确保交易流程的完整性，一旦客户确认收货，销售人员需立即登记销售发货明细。销售人员应按照图 5-10 所示步骤，完成销售发货。

序号	操作步骤	角色	操作内容
1	填制发货单	供应商业务主管	1.根据销售订单明细表和发货计划填制发货单 2.审核发货单并签字
2	审核发货单	供应商总经理	1.审核该企业的应收账款额度是否高,如果高,则限制发货 2.审核发货单,确认数量和金额 3.发货单签字 4.将签字后的发货单交给客户行政主管
3	填制销售出库单	供应商行政主管	1.根据发货单填制销售出库单 2.请业务主管签字 3.本部门进行审批
4	填写物料卡	供应商行政主管	1.办理出库手续,更新物料卡 2.把出库单给业务主管一联 3.把出库单送总经理一联
5	开具增值税专用发票	供应商总经理	1.从业务主管处获取卖给该客户的销售价格 2.根据销售出库单,结合销售价格,开具销售发票(增值税专用发票)
6	填制收入记账凭证	供应商总经理	根据开具的收入发票填制记账凭证
7	登记库存台账	供应商行政主管	根据出库单填写库存台账
8	在系统中处理销售发货	供应商业务主管	在VBSE系统中选择发货的订单并确认
9	登记销售发货明细表	供应商业务主管	1.根据发货单进行销售发运 2.登记销售发货明细表

图 5-10　销售发货业务流程

五、线下填单

某佳童车厂采购员需严格遵循图 5-10 所示的操作流程顺序,认真完成各类单据的规范填制和信息的准确传递。在此过程中,该采购员还需熟练掌握并填制采购订单、销售发票以及记账凭证等重要文件,并及时将这些信息准确录入 VBSE 系统,以确保整个业务流程的顺畅进行。记账凭证填制样例如图 5-11 所示。

记账凭证

2021年10月8日　　记字第0001号　　总第　号

摘要	总账科目	明细账科目	√	借方	贷方
销售发货（钢管3750根）、开具发票_某某童车厂_2021.10.0	应收账款	某某童车厂		263250	
销售发货（钢管3750根）、开具发票（4130）_某某童车厂_2021.10.1	主营业务收入	主营业务收入			225000
销售发货（钢管3750根）、开具发票_某某童车厂_2021.10.2	应交税费/应交增值税	销项税额			38250
会计主管		记账	出纳	审核	制证

附件 张

图 5-11　记账凭证填制样例

给虚拟经销商办理出库的详细视频讲解见资源 5-3。

资源 5-3

任务六　采购入库(制造企业)

一、任务描述

采购人员需严格履行职责,按照规定填写采购单和采购明细,并据此生成入库单。库管人员在收到货物后,需对入库单进行仔细核对,确保实际收到的货物数量与入库单明细相符。如发现有数量不符的情况,库管人员应及时根据实际收到的货物数量对入库单明细进行修改。

二、任务导入

近期,某尼工贸有限公司送达的钢管等材料已安全抵达某佳童车厂仓库。采购部门迅速响应,与仓管员紧密合作,确保了所有材料准确无误地完成入库工作。针对9月份所下达的采购订单,相关物料已于10月份如期到达,并顺利完成验收。按照合同规定,某佳童车厂将于11月份向某尼工贸有限公司支付相应的原材料款项。业务数据如图5-12所示。

序号	品名	规格型号	单位	到货时间	数量	单价	折扣率	金额小计
1	钢管	Φ外16/Φ内11L5000mm	根	2021.10.08	3750	70.20	0	263250.00
2	坐垫	HJM500	个	2021.10.08	1250	58.50	0	73125.00
3	车篷	HJ72*32*40	个	2021.10.08	1250	70.20	0	87750.00
4	车轮	HJΦ外125*Φ内60mm	个	2021.10.08	5000	23.40	0	117000.00
合计								541125.00

图5-12　采购订单(9月份)

三、知识储备

(一)采购入库

采购入库是指供应商将货物送达企业,且根据采购订单开具相应发票。

在此过程中，采购人员需协助仓库管理员办理采购入库手续，确保货物的准确无误。仓库管理员需详细填写入库单，对货物的品名、数量、规格等信息进行核实，并由仓储部经理登记库存台账，准确反映物资的增减变动情况。同时，材料会计负责登记存货明细账，对库存情况进行实时监控，确保账实相符。

（二）采购入库单

采购入库单，作为企业从外部单位采购原材料或产品入库的凭证，是确保采购流程规范化的重要环节。除了详尽记录物品的编号、名称、规格型号、计量单位和实际验收数量等信息，还需准确录入与采购活动紧密相关的供应商名称和采购订单号等关键数据。其具体格式如图 4-6 所示。

四、实施步骤

根据生产部门提供的物料需求计划和当前库存状况，采购部门已在九月份按照规定程序下达了相应的采购订单。为确保采购流程的顺利进行，应持续关注材料发货、出库及到货的实时动态。某佳童车厂的材料验收入库工作应遵循图 5-13 所示的标准操作流程，确保所有采购的材料能够按时、准确无误地完成入库工作。到货并办理入库（制造业）的详细视频讲解见资源 5-4。

资源 5-4

序号	操作步骤	角色	操作内容
1	通知供应商发货	采购员	通知供应商业务主管发货
2	填制发货单	供应商业务主管	1.根据销售订单明细表和发货计划填制发货单 2.审核发货单并签字
3	审核发货单	供应商总经理	1.审核该企业的应收账款额度是否高,如果高,则限制发货 2.审核发货单,确认数量和金额 3.发货单签字 4.将签字后的发货单交给客户行政主管
4	填制销售出库单	供应商行政主管	1.根据发货单填制销售出库单 2.请业务主管签字 3.本部门进行审批
5	办理出库填写物料卡	供应商行政主管	1.办理出库手续,更新物料卡 2.把出库单给业务主管一联 3.把出库单送总经理一联
6	开具增值税专用发票	供应商总经理	1.从业务主管处获取卖给该客户的销售价格 2.根据销售出库单,结合销售价格,开具销售发票(增值税专用发票)
7	填制收入记账凭证	供应商总经理	根据开具的收入发票填制收入记账凭证
8	登记库存台账	供应商行政主管	根据出库单填写库存台账
9	在系统中处理销售发货	供应商业务主管	在VBSE系统中选择发货的订单并确认
10	登记销售发货明细表	供应商业务主管	1.根据发货单进行销售发运 2.登记销售发货明细表
11	核对发货单、发票及实物	采购员	1.采购员接收供应商发来的材料,附有发货单、发票和实物 2.根据采购订单核对发货单和发票及实物 3.协助仓管员进行原料验收
12	物料验收	仓管员	1.根据发货单和检验标准进行质量、数量、包装检测 2.根据检验结果填写物料检验单,并签字确认 3.检验无误,在发货单上签字
13	填写采购入库单	仓管员	1.根据物料检验单填写采购入库单(一式三联) 2.将采购入库单送交仓储部经理审核 3.将审核后的入库单自留一份,另外两联交采购部和财务部
14	审核采购入库单	仓储部经理	审核原材料入库单的准确性和合理性,在入库单上签字
15	登记采购合同执行情况表	采购员	1.采购员接收到仓库员送来的采购入库单 2.采购员登记采购合同执行情况表 3.采购员将发票(发票联和抵扣联)和对应的采购入库单的财务联送交财务部
16	在系统中处理采购到货	仓储部经理	在VBSE系统中确定采购物料到货
17	填写物料卡	仓管员	1.仓管员将货物摆放到货位,根据入库单数量填写物料卡 2.将入库单交仓储部经理登记台账
18	登记库存台账	仓储部经理	仓储部经理根据入库单登记库存台账

19	填制记账凭证	成本会计	1.接收采购员交来的发票和入库单 2.填制记账凭证 3.送财务部经理审核
20	审核记账凭证	财务部经理	1.接收财务会计交来的记账凭证，进行审核 2.审核后，交成本会计登记科目明细账
21	登记明细账	成本会计	1.根据入库单登记存货明细账 2.根据记账凭证登记科目明细账（应付账款）
22	登记明细账	财务会计	根据记账凭证登记科目明细账（应交税费）

图 5-13 采购入库业务流程

五、线下填单

某佳童车厂采购员需严格遵循操作流程，与相关任务人员紧密协作，共同完成单据的准确填制与信息传递工作。在此过程中，某佳童车厂仓管员亦需熟练掌握并填制采购入库单，以确保流程的顺利进行。采购入库单填制样例如图 5-14 所示。

采购入库单

制 单 日 期：2021.10.08　　　　　　仓　　库：普通仓库
供应商名称：某尼工贸有限公司　　　　类　　型：原材料采购
单 据 编 号：CK-CLRK-2021110001　　采购订单号：CG-HT-202109001

序号	品名	规格型号	单位	入库时间	数量	备注	
1	钢管	Φ外16Φ内11/L50000 mm	根	2021.10.08	3750		第二联：仓储部
2	坐垫	HJM500	个	2021.10.08	1250		
3	车篷	HJ72*32*40	个	2021.10.08	1250		

仓储部经理：　　　　　　　　仓管员：

图 5-14 采购入库单填制样例

任务七 材料款支付（制造企业）

一、任务描述

对于到期未付材料款，采购部应严格按照相关规定提出付款申请。在此过程中，需填制标准格式的"付款申请书"，详细填写收款单位、货款所属期及货款金额等信息。同时，需将收款人发票或收据、到货单、验收单、供应商对账单等相关凭证一并提交。负责人应对申请及凭证进行严格审核，确保信息的完整性和准确性，并签署书面意见以完成审批。

二、任务导入

根据采购订单的相关规定，某佳童车厂应将原材料款项按时支付给供应商，以确保供应链的正常运作。业务数据如图 5-15 所示。

2021 年 10 月 8 日制造企业支付原材料款明细账如下：
注：8 月份下达的采购订单，9 月份材料入库，10 月份制造业支付原材料款。

科目编码	科目名称	借/贷方	金额
2202	应付账款	贷	1696500.00
220201	某尼工贸有限公司	贷	424125.00
220202	某恒橡胶厂	贷	424125.00
220203	某天装修有限责任公司	贷	424125.00
220204	某耀不锈钢加工厂	贷	424125.00

图 5-15 业务数据

三、知识储备

支票作为经济交易中的重要工具，是由出票人依法签发，并委托相关银行或其他金融机构在见票时无条件支付确定金额给收款人或持票人的票据。如图 5-16 所示。

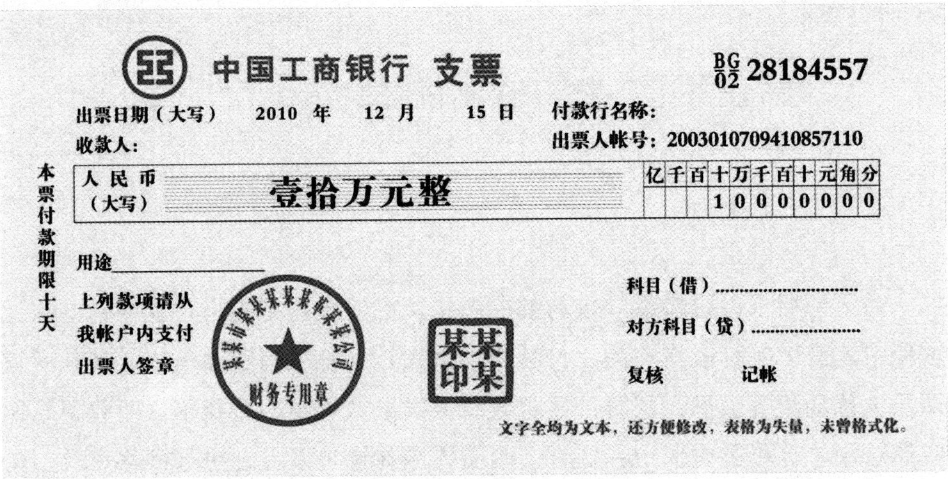
中国工商银行 支票　BG 02 28184557

出票日期（大写）　2010 年　12 月　15 日　付款行名称：

收款人：　出票人帐号：2003010709410857110

本票付款期限十天

人民币（大写）	壹拾万元整	亿	千	百	十	万	千	百	十	元	角	分
					1	0	0	0	0	0	0	0

用途________

上列款项请从

我帐户内支付

出票人签章

科目（借）..................

对方科目（贷）..................

复核　记帐

文字全均为文本，还方便修改，表格为失量，未曾格式化。

图 5-16　转账支票样图

四、实施步骤

依据采购合同条款，供应商定期核查采购合同执行情况表，全面梳理某佳童车厂应付的原材料款项。参照图 5-17 所示操作流程，某佳童车厂应严格按步骤完成相关材料款的支付工作，确保款项支付的准确性和及时性。

序号	操作步骤	角色	操作内容
1	填写支出凭单	采购员	1.填写支出凭单（把对应的采购订单的单号和入库单的单号写上） 2.将填写的支出凭单交给采购部经理审核 3.将采购部经理审核后的支出凭单交给应付会计审核 4.将支出凭单交给财务部经理审核 5.拿支出凭单去财务部出纳处办理付款手续
2	业务审核	采购部经理	1.接收采购员送来的支出凭单 2.根据采购合同执行情况表及订单、入库单、发票等资料审核支出凭单内容填写的准确性和合理性 3.审批无误，签字
3	审核支出凭单	应付会计	1.审核支出凭单填写准确性 2.审核支出凭单附件的合法性和真实性 3.审批无误，签字

4	业务审核	财务部经理	1.审核支出凭单填写准确性 2.审核支出凭单附件的合法性和真实性 3.审核资金使用的合理性 4.审批无误，签字
5	填制支票	出纳	1.出纳根据审核的支出凭单填写转账支票 2.将支出凭单及支票根交应付会计
6	登记支票登记簿	出纳	1.登记支票登记簿 2.将支票交给采购员
7	接收转账支票并送交给卖方	采购员	1.接收财务部经理交给的审核后的记账凭证 2.根据记账凭证登记银行存款日记账
8	编制记账凭证	应付会计	1.接收出纳交来的支票根和支票凭单 2.编制记账凭证 3.送财务部经理审核
9	审核记账凭证	财务部经理	1.接收应付会计交给的记账凭证 2.审核记账凭证填写的准确性 3.审核无误签字，交给出纳登记银行存款日记账
10	登记银行存款日记账	出纳	1.接收财务部经理交来的审核后的记账凭证 2.根据记账凭证登记银行存款日记账 3.将记账凭证交给应付会计登记科目明细账
11	登记科目明细账	应付会计	1.接收出纳交来的记账凭证个省 2.根据记账凭证登记科目明细账

图 5-17 制造业支付材料款业务流程

五、线下填单

记账凭证

2021 年 10 月 8 日　　记字第 0013 号　　总第　号

摘要	总账科目	明细账科目	√	借方	贷方	
支付上月材料_供应商001_2021.10.08	应付账款	某恒橡胶厂		424125		附件 张
支付上月材料	银行存款	工行存款			424125	

会计主管　　　记账　　　出纳　　　审核　　　制证

图 5-18 记账凭证填制样例

某佳童车厂采购人员需严格遵循操作流程，与任务相关人员紧密协作，确保单据填制规范且信息传递无误。在执行过程中，某佳童车厂需系统地学习并熟练掌握转账支票、记账凭证的正确填写方法，同时对账簿的登记工作需严格遵守相关规定。记账凭证填制样例如图 5-18 所示。

任务八　货款回收（供应商）

【案例导读】
在当今全球化的商业环境中，供应链的复杂性不断增加，企业之间的商业关系变得更加紧密。某海时尚是一家享誉国内外的时尚零售企业，他们致力于为消费者提供多样化的时尚产品，并与来自全球各地的供应商建立稳固的合作关系。然而，最近由于国际贸易的不确定性和汇率波动，一些供应商的货款回收变得异常困难，导致了公司的资金流紧张。

这种情况给蓝海时尚带来了严重的财务压力，不仅影响了他们的正常运营，还导致了与供应商之间的合作关系紧张。供应商的拖欠款项不仅延误了公司的资金回笼，还可能影响到后续的订单和合作，进一步加剧公司的经营困境。

【思考】在案例中，某海时尚与供应商的关系因货款回收问题而紧张。您认为企业应如何管理和维护与供应商之间的关系，以确保货款回收的顺利进行？有哪些有效的沟通和合作策略？

一、任务描述

在收到付款单位提交的支票后，收款单位的出纳人员需按照规定程序对支票进行严格审查。审查无误后，出纳人员需填制一式两联的进账单，并将支票与之一起送交至开户银行。经过开户银行的审核，确认无误后，将在进账单的第一联加盖"转讫"章并退回至收款单位。随后，收款单位将根据银行盖章后退回的进账单第一联编制银行存款的收款凭证。

二、任务导入

根据双方签订的销售合同履行情况，供应商（某恒橡胶厂）应按规定向某佳童车厂收回相关材料款项。业务数据如图 5-19 所示。

2021 年 10 月 8 日，供应商从每家制造企业回收的货款详情如下：

供应商名称	回收日期	回收金额（每家制造企业）
供应商（某恒橡胶厂）	2021 年 10 月 8 日	424125.00

图 5-19　业务数据

三、知识储备

（一）货款回收

货款回收是资金流动的一种重要形式，也是销售业务中的关键环节。销售方多采取先销售后收款的方式。而催缴回款则是为了实现再生产或投资，进而开展第二次销售业务。

（二）银行进账单

银行进账单是用于规范持票人或收款人将票据款项存入其开户银行账户的行为。填写银行进账单时，必须遵守相关规定，确保信息的准确性和完整性。具体要求如下：

（1）票据种类、票据张数、收款人名称、收款人开户银行及账号、付款人名称、付款人开户银行及账号、票据金额等栏目，必须逐一清晰、准确地填写。

（2）所有填写的内容必须与相关票据保持一致，确保信息的真实性和准确性。任何错误或不准确的信息都可能导致后续处理的困难和延误。

（3）持票人在提交银行进账单时，应连同相关票据一并交给银行经办人员。

（4）如有任何疑问或需修改填写内容，请及时与银行经办人员沟通，以便及时处理。

银行进账单样图如图 5-20 所示。

图 5-20　银行进账单样图（其三）

四、实施步骤

在销售交易完成后，作为供应商，某恒橡胶厂业务主管的销售人员，需承担起货款催收的职责，确保销售合同按照约定的时间节点进行。客户将通过支票方式完成款项支付，企业出纳员，即供应商—某恒橡胶厂行政主管，需亲临银行办理支票进账业务。随后，财务部门将对相关账目进行准确记账处理，并依照图 5-21 所示流程，确保货款的顺利回收。货款回收相关视频讲解见资源 5-5。

资源 5-5

序号	操作步骤	角色	操作内容
1	接收制造企业签发的支票	供应商业务主管	1.接收制造企业签发的转账支票 2.将转账支票提交给行政主管
2	填写进账单	供应商行政主管	1.接收供应商业务主管提交的转账支票管 2.按照支票上填写的金额填写进账单 3.去银行送存转账支票
3	付款业务（支票）	银行柜员	1.接收转账支票及进账单 2.在系统中办理"付款业务(支票)" 3.在进账单上盖"转讫"章 4.将进账单回单退还给供应商行政主管
4	回单交总经理	供应商行政主管	将经银行盖章后的进账单回单交供应商总经理
5	填写记账凭证	供应商总经理	1.接收供应行政主管送来的进账单回单 2.编制记账凭证

图 5-21　供应商货款收回业务流程

五、线下填单

业务主管需按照操作流程，与相关人员共同完成单据的规范填制和信息的高效传递。为了提升工作效率和准确性，供应商（某恒橡胶厂）应熟练掌握银行进账单和记账凭证的编制技巧。记账凭证填制参考范例如图 5-22 所示。

记账凭证

2021年10月8日　记字第 005 号　　总第　号

摘要	总账科目	明细账科目	√	借方	贷方
货款回收	银行存款	工商银行		424125	
货款回收_某佳童车厂_2021.10.05_	应收账款厂	某佳童车厂			424125
会计主管		记账	出纳	审核	制证

附件　张

图 5-22　记账凭证填制样例

项目六　制造企业——客户购销业务

【知识目标】
了解订单处理全过程，包括客户谈判、订单签订、生产安排、发货等
【能力目标】
掌握客户关系管理技能
提高对订单处理和协调的能力

任务一　客户谈判（制造企业客户）

【案例导读】

客户谈判是制造企业与客户之间关系管理中的关键环节。最近，"某创科技"制造公司与全球电子零售集团为一份涉及新一代智能手机生产的大额订单进行谈判。在谈判之前，"某创科技"团队对客户的需求进行了深入调研，了解到他们对产品功能、质量标准和交付时间等方面有着严格的要求。

在谈判过程中，"某创科技"的销售团队首先强调了公司的创新能力和过去成功的合作案例，以加强客户对公司实力的认识。随后，双方开始深入讨论订单的具体细节，包括定价、交付时间、质量保证和售后服务等方面。

在这个过程中，客户提出了一些特殊的定制需求，如增加产品附加功能、提前交付一部分订单等。对于这些需求，销售团队灵活应对，同时强调这些额外服务将会提升产品的附加值，并在最终产品中得到体现。

谈判的关键是达成双方满意的合同条款。在这一过程中，"某创科技"展示了对客户需求的理解和灵活性，以确保达成双方都能接受的协议。最终，

双方签署了一份全面而有竞争力的合同，为双方未来的合作奠定了坚实基础。

【思考】在案例中，"某创科技"在谈判前进行了深入调研客户的需求。为什么深入了解客户需求对于成功的谈判至关重要？有哪些方法可以更有效地进行客户需求分析？

一、任务描述

在制造行业中，销售专员承担着与客户沟通的重要职责。他们需深入挖掘客户需求，并就合同中的关键条款，包括产品名称、规格、数量、价格以及交货日期等，与客户进行细致的协商，确保双方利益得到有效保障。

二、情景导入

某佳童车厂的销售专员依据本厂的商品特点和客户的实际需求，与客户进行细致的销售谈判，实现互利共赢的合作目标。

三、知识储备

（一）销售谈判

销售谈判是指销售人员为实现产品最高价位、最低成本销售的目标，进行的协商和讨论的过程。谈判的目的在于成功签订销售合同，从而取得商业利益的最大化。在销售谈判中，销售人员需要充分准备，了解市场需求和竞争态势，掌握产品特点和优势，制定合理的销售策略，与采购方进行有效的沟通和谈判，最终达成销售协议。

（二）销售谈判的三个阶段

在销售谈判的过程中，通常可以划分为三个重要阶段：首先是计划与准备阶段，其次是面谈阶段，最后是后续收尾阶段。当我们谈到谈判时，大部分人往往会想到面谈阶段，然而实际上，计划与准备阶段才是最为关键的环节。

（三）销售谈判的计划与准备阶段的内容

（1）确定谈判目标，明确双方期望和利益诉求；
（2）认真考虑对方的需求和利益，以建立互信和合作的基础；
（3）面评估自身实力和弱点，做到知己知彼；
（4）制定科学合理的谈判策略，掌握谈判进程和方向。

四、实施步骤

根据市场需求的变化，客户决定开发新的市场，以适应市场需求的不断变化。销售谈判步骤如图 6-1 所示。

序号	操作步骤	角色	操作内容
1	确定客户并谈判	销售专员	1.走访客户或以其他方式与客户保持联系，获得潜在客户的采购信息 2.与客户进行沟通，落实意向客户 3.与意向客户就供货时间、数量、价格、结算条件、运输方式等进行磋商，为签订购销合同做准备

图 6-1　客户谈判业务流程

任务二 签订销售合同(制造企业客户)

一、任务描述

销售合同的签订涉及复杂的程序,不仅要求销售专员按照企业管理制度与客户共同起草合同,还需要完成相关人员的审批和盖章手续。这一过程不仅是为了法律上的规范购销关系,也为生产计划提供了必要的依据。

二、情景导入

根据合同样例,与某晨商贸城签订购销合同,包含如图 6-2 的订单。

产品名称	含税单价	数量	金额(元)	交货日期	付款日期
经济型童车	655.20	3000	1965600.00	2021.10.28	2021.11.28
经济型童车	655.20	4000	2620800.00	2021.12.28	2022.1.28
合计			4586400.00		

图 6-2 购销合同订单

三、知识储备

在买卖双方经过深入的协商或谈判,并达成明确的共识后,为切实保障双方的合法权益,确保交易的公平性和合法性,须签订一份正式的销售合同。

(一)销售合同的主要内容

销售合同作为购销双方的重要文件,其主要内容通常包括以下方面的详细规定:

(1)合同标题及编号:明确标识合同的名称和编号,便于管理和识别。

（2）合同双方信息：包括买方和卖方的详细信息，如名称、注册地址、联系方式、法定代表人或负责人等。

（3）商品或服务描述：对涉及的商品或服务进行详细描述，包括商品的名称、型号、规格、质量要求、技术参数等；或服务的类型、内容、范围、标准等。

（4）价格条款：规定商品或服务的价格、计价单位，以及支付方式（如预付款、到付款、月结等）、付款期限（如月结的结算日）等具体细节，也可约定价格的调整机制。

（5）交货条款：明确交货的地点（如买方仓库、卖方仓库、目的地港口等）、方式（如送货、发货、自提等）、时间（如交货日期、交货时间）、运输责任（如谁承担运输风险和费用）、装运方式（如整柜、拼柜）等相关条款。

（6）数量和计量单位：确定合同涉及的商品或服务的具体数量和计量单位，以充分明确交易范围。

（7）质量标准：规定商品或服务的质量要求，可能包括技术规格、检验标准、执行标准等，确保商品或服务的质量符合约定要求。

（8）验收标准：规定买方对商品或服务的验收标准和程序，包括验收时的检验方法、验收标准的达标要求、验收程序及验收时间等。

（9）保修及售后服务：确定商品的保修期限和售后服务承诺，包括维修、更换、退换货、技术支持等事项，以确保买方在售后服务方面的权益。

（10）违约责任：规定双方在合同履行过程中的违约责任和处罚，包括违约条件、违约的后果和补救措施等。

（11）法律适用和争议解决：确定合同适用的法律和法律管辖地，以及解决争议的方式，如仲裁、诉讼或其他方式。

（12）签署和生效日期：明确合同的签署日期和生效日期，以确定合同的生效时间和效力。

（二）销售合同注意事项

在订立购销合同时，必须确保合同内容书写清晰，任何涂改都是不允许的。此外，合同首页的甲乙双方当事人信息应与最后一页的甲乙双方当事人信息保持一致。在盖章环节，合同专用章和法人章需按照规定位置加盖，且合同专用章和法人章不能重叠，以防止出现混乱或误解。特别需要注意的是，购销合同必须加盖骑缝章，以防止合同被篡改。同时，甲乙双方在合同上均需加盖合同专用章和法人章。

四、实施步骤

销售专员主责签销售合同，执行公司合同审批及报备，按照图6-3，完成企业与客户合同签订。

序号	操作步骤	角色	操作内容
1	拟定购销合同	销售专员	1.销售专员根据销售计划与客户沟通销售合同细节内容 2.起草购销合同，一式两份
2	填写合同会签单	销售专员	1.填写合同会签单 2.将购销合同和合同会签单送交营销部经理审核
3	审核购销合同	营销部经理	1.接收销售专员交给的购销合同及合同会签单 2.审核购销合同内容填写的准确性和合理性 3.在合同会签单上签字确认
4	审批购销合同	总经理	1.接收销售专员送来的购销合同及合同会签单 2.审核营销部经理是否审核签字 3.审核购销合同的准确性和合理性 4.在合同会签单上签字 5.在购销合同上签字 6.总经理签完交给营销部经理
5	合同盖章	行政助理	1.营销部经理把购销合同和合同会签单交给销售专员去盖章 2.销售专员拿购销合同和合同会签单找行政助理盖章 3.行政助理检查合同会签单是否签字 4.行政助理给合同盖章 5.行政助理将盖完章的购销合同交还销售专员
6	登记销售订单明细表	销售专员	销售专员根据购销合同内容将销售订单信息登记在销售订单明细表中
7	汇总销售订单	营销部经理	营销部经理将订单信息的主要内容登记在"汇总销售订单"中，并将其中一联交生产部经理，以便生产部安排生产
8	购销合同存档	行政助理	1.行政助理收到购销合同 2.行政助理更新合同管理表—购销合同 3.行政助理登记完，把购销合同留存备案

图6-3 制造企业与客户销售合同的签订步骤一览

任务三　录入产品销售订单（制造企业）

【案例导读】

某制造公司的销售团队成功谈成了一份重要客户的大额订单，涉及一批高价值的定制机械设备。销售人员与客户进行了详尽的沟通，确保订单的规格、数量和交付日期符合客户的期望。

然而，在销售订单的录入过程中，由于负责录入员工的工作疏忽，产品的定制要求和特殊规格未被正确地输入系统。随着订单流入生产和供应链管理阶段，生产团队开始准备材料和生产计划，因为缺失的定制要求，生产线的工作受到了阻碍。当客户最终收到交付的产品时，却发现与他们期望的定制规格相差甚远，引发了投诉和不满。

这个疏漏的后果立即显现，公司不仅面临了客户投诉的赔偿责任，还需要重新生产符合规格的产品，导致了额外的生产成本和延误。同时，由于定制机械设备的特殊性，无法将误生产的产品重新投放市场，最终导致了公司的损失。

【思考】在发现订单录入错误后，公司可以采取哪些应对措施来最小化损失并修复客户关系？

一、任务描述

制造业与合作方在深思熟虑和充分沟通后，正式签署了销售合同。为了保障销售流程的顺畅进行，制造业的销售专员需将销售订单的详细信息准确无误地录入 VBSE 系统。VBSE 系统会根据录入的信息，自动执行未来的销售发货、收款等业务操作，确保所有流程有条不紊。

二、情景导入

按照与某晨商贸有限公司签署的 SX0005 号销售合同规定，完成商品基本信息的录入工作，其中包含以下订单信息。如图 6-4 所示。

产品名称	含税单价	数量	金额（元）	交货日期	付款日期
经济型童车	655.20	1000	655200.00	2021.10.28	2021.11.28
经济型童车	655.20	1250	819000.00	2021.11.28	2021.12.28
经济型童车	655.20	1500	982800.00	2021.12.28	2022.1.30
合计			2457000.00		

图 6-4　SX0005 号销售合同的产品销售信息

三、知识储备

销售合同作为买卖合同的一种变化形式，其基本要求与买卖合同保持一致。在此类合同中，买卖双方经过充分协商，达成一致意见，卖方按照约定将产品交付给买方，而买方则需按规定支付相应的价款，从而完成交易。

四、实施步骤

根据图 6-5 所述流程，销售专员需完成制造企业录入产品订单的相关工作。

序号	操作步骤	角色	操作内容
1	在 VBSE 系统中录入销售订单	销售专员	根据制造业与客户鉴定好的销售合同，将销售订单信息录入 VBSE 系统

图 6-5　制作企业录入产品销售订单步骤一览

任务四　确认产品销售订单（客户）

一、任务描述

在制造业销售环节，销售专员依据与客户的销售合同，准确无误地录入销售订单。客户则会在 VBSE 系统内，对所录入的订单进行确认操作，从而保证整个流程的顺畅进行。

二、情景导入

根据某晨商贸有限公司与某佳童车厂签署的购销合同条款，经某晨商贸有限公司客户业务主管审批同意，由某佳童车厂销售专员负责准确录入产品基本信息，其中包含以下订单信息，如图6-4。

三、知识储备

购销合同作为买卖合同的一种变化形式，其基本要求与买卖合同保持一致。在此类合同中，买卖双方根据协商一致，由卖方将产品交付给买方，而买方则需按规定支付价款。购销合同就是双方就产品交易达成的一种正式协议。

四、实施步骤

销售专员需按照图6-6所示流程，严谨、规范地完成制造企业产品订单的录入工作。

序号	操作步骤	角色	操作内容
1	在 VBES 系统中进行订单确认	客户业务主管	客户业务主管根据双方之前签订的销售合同审核销售订单的内容，无误后确认订单

图6-6　客户确认产品销售订单步骤一览

任务五 童车发货（制造企业）

一、任务描述

销售发货是销售流程中的重要环节，主要任务是确保按照销售订单上的交货日期，将产品从仓库发出并送达客户手中。销售员需根据销售订单的交货日期，仔细填写产品发货单，并及时与仓管员沟通协调。仓管员在确认发货信息后，需准确填写出库单，确保产品能够按照销售员的指示进行发货。销售员在发货过程中，需与客户保持沟通，确保客户能够顺利收到产品。财务部则根据发货出库单开具销售发票，以确保销售业务的合法合规性。客户收货确认后，销售员需及时登记销售发货明细，以便于后续的销售业务跟踪和管理。

二、情景导入

依据 2021 年 10 月 28 日的销售订单，进行发货，业务数据如图 6-7 所示。

订单号	客户名称	产品名称	市场	数量（辆）	单价（元）	合同约定交货期	合同约定回款期	货款额（元）
LJ110002	某晨商贸城	经济型童车	本地	3000	655.20	2021.10.28	2021.11.28	1965600.00
LJ110003	某旭贸易公司	经济型童车	本地	1000	655.20	2021.10.28	2021.11.28	655200.00

图 6-7 销售订单明细表

三、知识储备

发货单作为企业或公司的重要票务单据，承担着将产品发往指定人或公司的任务。这一过程涵盖了提货、运输、验收等各个环节。发货单具有一式四联的特性，各联由不同部门留存，以便于后续的跟踪和管理。具体来说，

第一联由营销部门负责留存,第二联由仓储部负责留存,第三联由财务部负责留存,第四联则由客户留存。各联的留存方式如图 6-8 所示,而发货单的填写说明则如图 6-9 所示。在填写发货单时,务必遵循相应的填写说明,确保信息的准确性和完整性。

发货单				
单据编号:	日 期:		交货日期:	
销售订单:	客户名称:		仓 库:	
业 务 员:	运输方式:		客户联系人:	
产品名称	产品型号	发货数量	备注	
合计				
销售部经理:	财务部经理:		客户确认:	

第一联:营销部留存

图 6-8 发货单样例

- ❖ 单据编号:销售发货单中的单据编号。
- ❖ 日期:发货的日期。
- ❖ 交货日期:合同中约定的交货日期。
- ❖ 销售订单:涉及发货的销售订单号。
- ❖ 客户名称:购货方企业名称。
- ❖ 仓库:货物从哪个仓库出库的仓库名称。
- ❖ 业务员:进行发货的销售业务员。
- ❖ 运输方式:采用什么方式运送给客户。
- ❖ 客户联系人:客户方收货的联系人名称。
- ❖ 产品名称:发货的产品名称。进动
- ❖ 产品型号:用"——"来表示"无"。
- ❖ 发货数量:发给客户的货物数量。
- ❖ 备注:填写一些注意事项或说明。
- ❖ 注意事项:如果发货单中的发货项有空白的情况,则用斜线勾注。

图 6-9 发货单填写说明

四、实施步骤

销售专员需认真填写发货单,并及时发出发货指令。销售部、仓储部与财务部需紧密配合,依照既定工作流程,协同完成所辖销售产品的发货任务。

参照图6-10所示操作步骤，确保童车发货（制造企业）业务的顺利完成。

序号	操作步骤	角色	操作内容
1	填制发货单	销售专员	1.根据销售订单明细表和发货计划填制发货单 2.报部门经理和财务部经理审核
2	审核发货单	营销部经理	1.根据销售订单明细表审核发货单，确认客户名称、产品名称、型号等重要项的填写 2.发货单签字，将审核完的发货单交还给销售专员 3.销售专员留存发货单第一联，将第二联送仓储部，第三联送财务部
3	审核发货单	财务部经理	审核发货单并签字
4	填制销售出库单	仓储员	1、根据发货单填制销售出库单 2.请销售专员签字 3.提交至部门经理审批
5	审核销售出库单	仓储部经理	1.仓储部经理审核销售出库单 2.办理出库手续
6	开具增值税	税务会计	1，从销售专员处获取卖给该客户的销售价格 2.根据销售出库单，结合销售价格，开具销售发票
7	专用发票填制收入记账	应收会计	1.根据开具的发票填制记账凭证 2.将记账凭证交给财务经理审核
8	审核记账凭证	财务部经理	1.接收财务会计交给的记账凭证，并进行审核 2.审核后，交应收会计登记科目明细账
9	登记数量金额明细账	成本会计	1.根据出库单填写存货明细账 2.只填写数量，月末计算成本
10	登记明细账	应收会计	1.接收财务部经理交给的记账凭证 2.核对财务部经理是否已审核 3.根据审核后的记账凭证登记科目明细账
11	填写物料卡	仓储员	1.办理出库手续，更新物料卡 2.把出库单给销售专员一联
12	登记库存台账	仓储部经理	根据出库单填写库存台账，登记完交仓管员留存备案
13	在系统中处理销售发货	销售专员	在VBSE系统中选择发货的订单，并发货
14	登记销售发货明细表	销售专员	1.根据发货单进行销售发运，并将发货单第四联送交客户 2.登记销售发货明细表

图6-10 制造企业发货业务步骤一览

五、线下填单

某佳童车厂销售专员需严格遵循操作，与任务相关人员紧密协作，确保童车发货任务顺利完成。在执行过程中，专员及相关人员应熟练掌握如图 6-11 所示的单据填写规范，以确保所有单据的准确性和完整性。

单据编号	单据名称	使用者角色	使用份数
DJ0012	发货单	销售专员	2
DJ0014	销售发货明细表	销售专员	1
DJ0026	销售出库单	仓管员	2
DJ0027	物料卡	仓管员	
DJ0028	库存台账	仓储部经理	
DJ0066	记账凭证	应收会计	2
DJ0089	增值税专用发票	税务会计	1
DJ0070	数量金额明细账	成本会计	
DJ0064	三栏式总分类账(明细账)	应收会计	

图 6-11 制造企业童车发货线下填单

发货单样例图如图 6-12 所示。

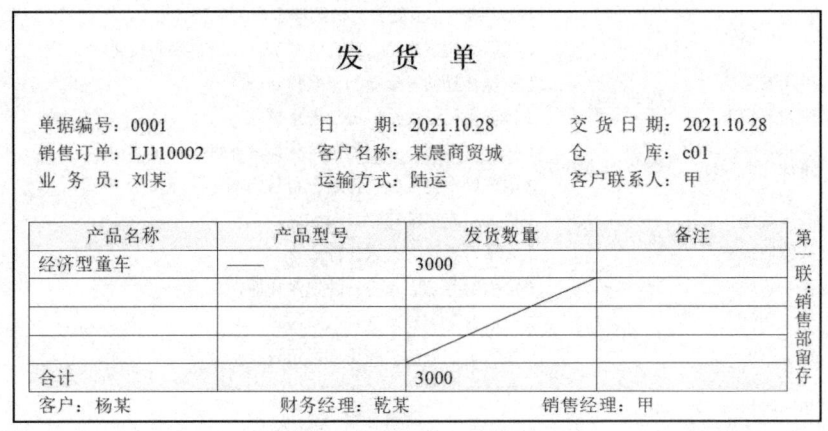

图 6-12 发货单样例图

销售发货明细表样例如图 6-13 所示。

单据编号	销售订单号	客户名称	产品名称	数量（辆）	货款额（元）	合同约定交货期	合同约定回款期	实际发货数量	发票开具情况	回款额（元）
0001	LJ110002	某晨商贸城	经济型童车	3000	1965600.00	2021.10.28	2021.11.28	3000	已开	
0002	LJ110003	某晨商贸城	经济型童车	1000	655200.00	2021.10.28	2021.11.28	3000	已开	

图 6-13 销售发货明细表样图

任务六 采购入库（客户）

【案例导读】

某制造公司是一家专注于高端电子产品制造的企业，随着业务的快速发展，面临着采购和库存管理的巨大挑战。为了提高效率，某公司决定引入一项基于人工智能的系统来优化其采购入库流程。

在这个新系统的帮助下，一旦采购订单被确认，系统便自动开始工作，利用先进的算法分析历史数据，预测所需物料的最佳入库时间和数量。这不仅减少了过度库存的风险，还确保了生产线的平稳运行。

当供应商的货物到达仓库时，入库流程开始。此时，系统的另一项创新功能发挥了作用：自动识别和分类。通过在仓库安装的智能摄像头，系统能够识别到货物的标签信息，自动将其与采购订单进行匹配，然后指导仓库工作人员将货物放置到指定的位置。这个过程极大地减少了人为错误的可能性，提高了入库效率。

更进一步，该系统还能实时更新库存信息，通过机器学习不断优化入库策略。如果系统检测到某一物料的消耗速度快于预期，它会自动调整后续的采购计划，甚至提前通知供应商，确保物料供应不会中断。

在引入 AI 系统后的几个月内，某公司明显感受到了变化。采购入库流程的自动化不仅提高了操作效率，减少了人力成本，而且通过精确的数据分析和预测，帮助公司更好地控制库存水平，避免资金的过度占用，使得整个供应链管理更加高效和灵活。

【思考】在采购入库流程中，人工智能与人类员工的角色如何互补？如何确保在引入人工智能系统时，数据安全和隐私得到充分保护？

一、任务描述

采购入库流程是指供应商将货物送达企业，并按照采购订单要求开具相应的发票。在此过程中,仓储部门需对入库货物进行仔细核对,确保数量、规格等信息准确无误,并及时在库存台账中登记。同时,财务部门也需根据入库单据进行记账凭证的登记工作。

二、情景导入

某晨商贸城根据某佳童车厂提供的相关信息,完成了经济型童车的采购工作,并已将所采购的童车进行入库处理。业务数据如图 6-14 所示。

销售合同号	订单号	客户名称	产品名称	数量(辆)	到货日期
SX0003	LJ110002	某晨商贸城	经济型童车	3000	2021.10.28

图 6-14 客户采购入库

三、知识储备

入库单是对采购实物入库数量的正式记录,也是对采购人员和供应商行为的监控手段。如果没有对实物入库的严格控制,可能会导致采购人员与供应商相互勾结,虚报采购数量甚至实物短少的风险。因此,入库单是企业内部管理和控制的重要依据。

四、实施步骤

客户企业的业务主管承担着接收采购商品的重要职责,而行政主管则负责相关的入库验收工作。根据图 6-15 所示的步骤,客户企业得以顺利完成采购入库流程。到货并办理入库(工贸企业)的详细视频讲解见资源 6-1。

资源 6-1

序号	操作步骤	角色	操作内容
1	核对发货单、发票及实物	客户业务主管	1.接收供应商发来的物料，附有发货单、发票和实物 2.根据采购订单核对发货单和发票及实物 3.协助客户行政主管进行物料验收
2	物料验收	客户行政主管	1.根据发货单和检验标准进行质量、数量、包装检测 2.根据检验结果填写物料检验单，并签字确认 3.检验无误，在发货单上签字
3	填写采购入库单	客户行政主管	1.根据物料检验单填写入库单（一式三联） 2.将入库单自留一份，另外两联交业务主管及总经理
4	登记采购合同执行情况表	客户业务主管	1.接收仓库员送来的入库单 2.登记采购合同执行情况表 3.将发票(发票联和抵扣联)和对应的入库单的财务联送交总经理
5	在系统中处理采购到货	客户行政主管	在 VBSE 系统中确定采购物料到货
6	填写物料卡	客户行政主管	将货物摆放到货位，根据入库单数量填写物料卡
7	登记库存台账	客户行政主管	根据入库单登记库存台账
8	填制记账凭证	客户总经理	1.接收发票和入库单 2.填制记账凭证

图 6-15　制造企业与客户销售合同签订步骤一览

六、线下填单

某晨商贸城业务主管需遵循操作流程，协同任务相关人员共同完成采购入库任务。在此过程中，某晨商贸城业务主管及全体参与人员需熟练掌握如图 6-16 所示的单据填写规范。

单据编号	单据名称	使用者角色	使用份数
DJ0024	物料检验单	客户行政主管	2
DJ0012	发货单	客户行政主管	
DJ00153	采购入库单	客户行政主管	2
DJ0027	物料卡	客户行政主管	
DJ0028	库存台账	客户行政主管	
DJ0066	记账凭证	客户总经理	2
DJ0018	采购合同执行情况表	客户业务主管	1

图 6-16　客户采购入库线下填单

采购合同执行情况样例图如图 6-17 所示。

合同编号	合同总数	订单编号	供应商名称	物料编号	物料名称	计量单位	订货日期	订货数量	单价	总金额	计划交货期	计划付款期	已到数量	入库数量	不合格数量	到货日期	应付金额	已付金额	实际付款情况	开票时间	备注
SX0003		LJ110002	某晨商贸城		经济型轿车	辆	2021.9.28	3000	655.20	19656 00.00	2021.1 1.28	2021.1 1.28	3000	3000	0	2021.1 0.28	19656 00.00		已开	2021.1 0.28	

图 6-17 采购合同执行情况样例

任务七　支付货款（客户）

一、任务描述

客户业务专员需仔细核查客户业务合同执行情况表，以确认应付款项的实际情况。在此过程中，他们需精确匹配客户业务订单与入库单，并据此填写支出凭单。一旦该凭单通过财务部门的审核，即可向供应商支付货款。

二、情景导入

根据于 2021 年 7 月 8 日签订的 SX00001 购销合同，某旭贸易公司应在 2021 年 10 月 8 日之前向某佳童车厂支付商品款 702000.00 元。这涉及付款业务的具体处理，需要确保按照合同规定的时间和金额进行准确的支付。

三、知识储备

支出凭单

| 部门： | 202　年　月　日 | 预算项目： |

即付：_____

_____款

人民币（大写）_____ ￥_____

　　现金_____　　　转账_____　　　电汇_____

领款人：　　　　　会计主管：　　　　出纳付讫：

部门经理：　　　财务经理：　　　总经理：

图 6-18　支出凭单样例

支出凭单作为支付公司业务开支的凭证，囊括了合同款、房租等重要费用。在小企业中,支出凭单可替代费用报销单,但差旅费务必使用专用差旅费报销单。这类凭单作为企业内部的原始凭证,一式一份,由财务部保存,作为编制记账凭证的依据。在对外结算业务中,不论是先借款后报销还是先个人垫付再报销,都需要填写支出凭单。支出凭单样例如图 6-18 所示。

四、实施步骤

某旭贸易公司业务主管承担着向某佳童车厂支付货款的职责。应遵守公司会计制度,按照既定工作流程和图 6-19 的指引,精确完成支付任务。

序号	操作步骤	角色	操作内容
1	填写支出凭单	客户业务主管	1.填写支出凭单 2.将填写的支出凭单交给客户总经理审核
2	审核支出凭单	总经理	1.接收客户业务主管送来的支出凭单最 2.审核文出凭单内容填写的准确性和合理性 3.审核无误,签字
3	签发转账支票	客户行政主管	1.根据经审核的支出凭单签发转账支票 2.填写支票登记簿 3.将支票交给客户业务主管 4.将支出凭单及支票根交给客户总经理
4	登记支票登记簿	客户行政主管	登记支票登记簿
5	接收支票并送交卖方	客户业务主管	1.接收客户行政主管签发的支票 2.将转账支票送给卖方以支付货款
6	单据转给总经理	客户总经理	接收客户行政主管交来的支票根和支出凭单
7	编制记账凭证	客户总经理	编制记账凭证

图 6-19 客户支付制造企业货款步骤一览

五、线下填单

某旭贸易公司业务主管需依据操作流程,与相关人员协作完成货款支付工作。在执行过程中,业务主管及参与人员需遵循如图 6-20 所示的单据填写规范,以确保业务流程的顺利进行。

单据编号	单据名称	使用者角色	使用份数
DJ0002	支出凭单	客户业务主管	1
DJ0080	转账支票	客户行政主管	1
DJ0071	支票登记簿	客户行政主管	
DJ0066	记账凭证	客户总经理	1

图 6-20 客户支付货款线下填单

支出凭单填写样例如图 6-21 所示。

支出凭单

部门：业务部　　　　　　2021 年 10 月 08 日　　　　　　预算项目：采购款

即付：<u>2021 年 9 月 8 日入库的购自某佳童车厂经济型童车商品</u>

<u>　　　　　　　　　　　　　　　　　　　　　　　　　　　</u>款

人民币（大写）<u>柒拾万贰仟元整　　　</u>　￥<u>702000.00　　　</u>

现金_____　　　转账 √____　　　电汇_____

领款人：甲某　　　　　　会计主管：***　　　出纳付讫：***

部门经理：***　　　财务经理：***　　　总经理：杨某

图 6-21 支付凭证单填写样例

任务八　货款回收（客户）

【案例导读】

A制造公司是一家专注于生产高科技电子零部件的企业。由于市场竞争激烈，公司采取了灵活的付款方式来吸引客户，包括提供延期支付的选项。虽然这种灵活性有助于争取客户，但也引发了公司内部的资金流问题。

在某一季度，A公司取得了一份大额订单，但采用了更加灵活的付款条款。随着订单的交付，公司预计会在数月内收到相应的货款。然而，由于客户的支付延迟和一些不可抗力的原因，货款的回收出现了严重的滞后。

这一回收款的滞后导致了公司资金链的紧张。A公司开始面临原材料供应链的断裂，无法按时支付供应商，进而影响了生产进程。员工的工资支付也受到了影响，公司面临着员工流失的风险。同时，公司还需要支付贷款利息，但由于资金不足，逾期费用开始累积，进一步加剧了财务困境。

【思考】如何建立更加主动和有效的回收货款机制，以减少资金回收的滞后期？在面临货款回收不及时的困境时，公司可以采取哪些紧急措施来缓解财务压力？

一、任务描述

在实现销售后，销售人员有责任持续关注货款的回流情况，确保按照销售合同的约定进行。当客户选择转账支票作为支付方式时，企业出纳人员需负责将支票送至银行进行清算。同时，财务部门需对这一交易进行详细的账务处理，确保记录的准确性和完整性。

二、情景导入

某佳童车厂和某旭贸易公司于2021年7月8日签订SX00001购销合同，

合同规定旭贸易公司应于 2021 年 10 月 8 日支付 702000.00 元的商品款。现在某佳童车厂已经在 2021 年 10 月 8 日收到了旭贸易公司支付的 702000.00 元商品款，需要进行收款任务的处理。

三、知识储备

银行进账单是用于证明持票人或收款人已将票据款项存入其开户银行账户的重要凭证。同时，它也是开户银行将票据款项记入持票人或收款人账户的必要依据。根据规定，银行进账单采用一式三联的形式，主要包括贷方凭证、回单和收账通知三个部分。

在填写银行进账单时，持票人需明确填写票据相关信息，并将其提交给银行经办人员。对于两联式银行进账单，银行在处理后盖上转讫章并将第一联退还给持票人，供其记账使用。当支票存入银行后，虽然支票留在银行，但银行会提供一份进账单，企业可凭此单进行记账，详细说明支票款项已划入企业银行存款账号。

填制方法如图 6-22 所示。

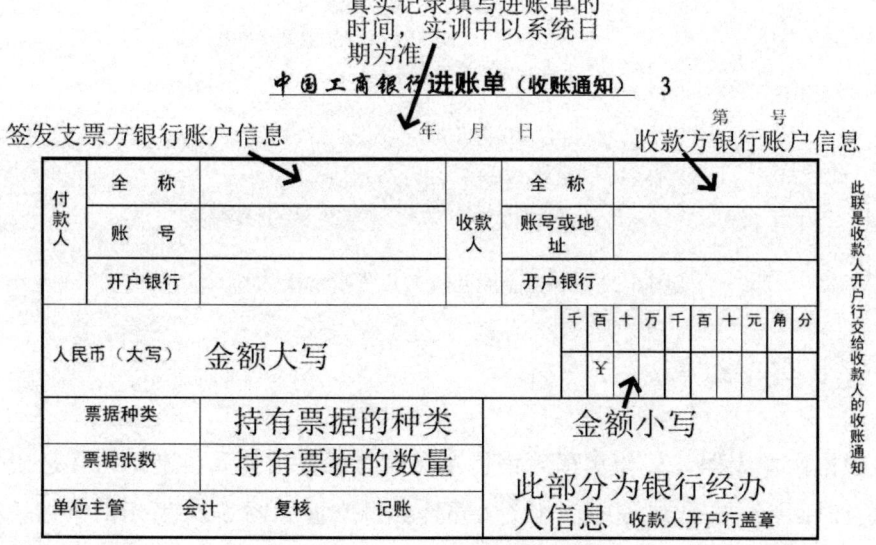

图 6-22　进账单填写说明

四、实施步骤

根据业务需求,销售专员主要负责与各客户建立有效的货款回收机制,确保货款及时、准确地交由财务部进行统一管理。具体操作步骤可参照图6-23所示进行。

序号	操作步骤	角色	操作内容
1	接收客户签发的支票	销售专员	接收客户采购员工交付的转账支票
2	填写进账单	出纳	填写银行进账单
3	银行转账(票)	银行专业	1.银行柜员接收进账单和转账支票 2.银行柜员在VBSE系统中进行转账操作 3.银行柜员在进账单上加盖转讫印章,将回单联退还给客户
4	把进账单交给应付会计	出纳	将银行进账单回单交给会计作为记账凭证
5	编制记账凭证	应收会计	1.接收出纳送来的银行进账单回单 2.编制记账凭证 3.将附件粘贴到记账凭证后面 4.将记账凭证交财务部经理审核
6	审核记账凭证	财务部经理	1.接收应收会计送来的记账凭证 2.审核记账凭证的附件是否齐全、正确 3.审核记账凭证的编制是否正确 4.审核完毕,交出纳登记银行存款日记账
7	登记银行日记账	出纳	1.根据审核后的记账凭证登记银行存款日记账 2.登记完毕后,交给应收会计登记明细账
8	登记明细账	应收会计	1.接收出纳送来的记账凭证 2.核对财务部经理是否已审核 3.根据审核后的记账凭证登记科目明细账

图6-23 制造企业回收客户货款步骤一览

五、线下填单

根据操作流程,某佳童车厂销售专员需与任务相关人员密切协作,确保货款及时回收。在此过程中,相关人员需熟练掌握如图6-24所示的单据填写方法,以确保整个流程的规范性和准确性。

单据编号	单据名称	使用者角色	使用份数
DJ0083	中国工商银行进账单	出纳	1
DJ0066	记账凭证	应付会计	1
DJ0067	日记账	出纳	
DJ0064	三栏式总分类账（明细账）	应付会计	

图 6-24　制造企业回收货款线下填单

进账单的填写样例如图 6-25 所示。

中国工商银行进账单（收账通知）　3

2021 年 10 月 08 日　　　　　　第　号

付款人	全称	某旭贸易公司	收款人	全称	某佳童车厂
	账号	0202 2045 0999 9101 222		账号或地址	0100 0229 9990 0009 9001
	开户银行	工商银行北京分行海淀支行		开户银行	工商银行北京分行

人民币（大写）　柒拾万贰仟元整　　￥ 702000 00

票据种类	转账支票
票据张数	壹张

单位主管　　会计　　复核　　记账　　　　收款人开户行盖章

此联是收款人开户行交给收款人的收账通知

图 6-25　进账单的填写样例

项目七　企业日常经营业务处理

【知识目标】
熟悉企业日常经济业务的相关内容与处理流程。

【能力目标】
掌握企业各工作岗位的日常经营活动的决策与会计处理的方法。

任务一　处理人力资源部门日常经营业务

【案例导读】
　　A 公司是一家专业从事家具生产的企业，对于原材料的进价一直保持着高度的关注。由于原材料的进价较高，且无法再利用，公司内部制定了一系列的规章制度，确保资源的合理利用和成本的节约。其中明确规定，因操作失误导致的材料报废，操作工需承担原料费用的 15% 作为赔偿。

　　近期，发生了一起涉及 50000 元原材料的事件。因一名员工的操作失误，导致了该原材料的损坏，根据公司规定，员工应承担 7500 元的赔偿。然而，该员工对此持有异议，拒绝接受这一赔偿要求。在经过多次沟通和协商后，公司方面仍坚守立场，不愿作出让步。这一僵局状态使得该员工心生不满，无法专心投入工作。同时，此事也引起了其他员工的广泛关注，甚至对公司的管理产生了担忧。人力资源部门对此事高度重视，深知此事处理不当将对未来的管理工作造成不良影响。

　　【思考】假如你是人力资源部门负责人，对于此事你有何解决方案？

一、编制各部门人力资源预算

人力资源预算是人力资源部门的核心工作，通过预测下一年度的人员需求和成本费用，为企业提供有效的人力资源管理指南。该预算具有灵活性，可根据实际情况进行调整。在具体操作中，人力资源部经理通过绘制岗位空缺申请表、汇总填写的表格，编制人员需求汇总表，并制定招聘和培训计划，最终进行人力资源费用的预估。

二、招聘生产工人

员工招聘是企业通过一定方法，寻找并吸引应聘者，最终从中选取符合企业需求人员并进行录用的过程。具体操作中，人力资源部经理首先与各部门经理沟通，了解各部门对人才素质和职称的要求，进行简历筛选，并确定录用名单。随后，将名单提交给人才服务公司查询确认，然后填写支出凭单，附上发票，由财务部经理审核。审核通过后，出纳办理签发支票，交给人力资源部经理，并进行相关登记。最后，财务会计根据支出凭单编制记账凭证，完成银行存款日记账的登记。

三、查询工人信息

为确保人力资源部对职工五险一金、薪资等核算工作的准确无误，需要对人员情况进行实时跟踪与查询。可通过建立工人信息查询系统，全面掌握企业所有在职人员的详细情况。

四、社会保险增员申请

根据相关规定，企业在招聘新员工或内部员工调整时，应在用工之日起30日内为职工向社会保险经办机构办理社会保险手续，包括养老保险、失业保险、工伤保险、生育保险、医疗保险。养老、失业、医疗保险由用人单位与职工共同缴纳，工伤与生育保险由用人单位单独缴纳。职工的缴费基数以上年度工资收入总额的月平均数为准，新进人员以当月足月工资为基数。人力资源助理负责填写社会保险参保人员增加表，经人力资源部经理审核签字，行政助理审核并盖章后，交社保局进行查询和办理手续，最后由人力资源部归档。

五、解聘工人

解聘工人是企业因各种原因需要终止劳动合同而辞退职工的过程。人力资源部经理负责查询各部门的解聘需求，并按照相关规定结算被解聘职工的工资。解聘信息会传递到人才市场服务公司，为被解聘的员工提供二次就业机会。

六、签订劳动合同

劳动合同是劳动者与用人单位确立劳动关系的协议，规定了双方的权利和义务。根据《中华人民共和国劳动法》和《劳动合同法》的规定，劳动者在加入单位后承担一定工作，并需遵守内部规章制度。用人单位则要为劳动者提供合理的工作安排、支付劳动报酬，并保障其劳动权益，包括劳动保护、社会保险和福利待遇。根据法规，双方应及时订立书面劳动合同，未订立的情况下，用人单位应在一个月内完成书面劳动合同的签订，劳动关系从用工之日起建立。

在企业中，劳动合同的签订是由行政主管拟定合同范本，并由人力资源部代表企业与新员工签署。签署时，双方需要在合同的各项项目上亲笔签名。接着，劳动合同需要由企业总经理进行审核，包括核查相关文件的完整性和一致性，确认无误后进行盖章。签署后的劳动合同副本交给新员工保存，正本由企业妥善保管。

七、考勤汇总查询

为了准确记录职工的出勤情况，企业要求每位职工上班时都需要打卡报到。人力资源部助理或行政主管通过查询出勤记录获取职工的详细出勤信息,并根据这些信息制作职工考勤统计表,以便更好地管理和统计员工的工作出勤情况。

八、薪酬核算

薪酬是员工劳动所得的报酬,分为薪和酬两个方面。薪指企业以货币或其他形式支付的工资、保险、奖金等,而酬是员工从工作中获得的精神愉悦和心理幸福,无法用具体货币来衡量。在实训中,薪酬主要关注员工的货币性报酬,包括基本薪酬、奖励、附加薪酬、补贴、红利、酬金以及各种福利待遇。

人力资源助理在每月薪酬计算中,负责收集整理期初数据,包括入职、离职、晋升、调动、薪酬调整等信息。根据考勤、绩效评价、奖惩记录等数据制作薪酬统计表,包括《职工薪酬统计表》和《五险一金缴费统计表》。这些表格通过人力资源部经理审核后,进入财务部经理审核,最终由总经理审批签字。经过审批的薪酬发放表由人力资源助理转交给财务会计,作为记账凭证,经过审核后登记入明细账。薪酬核算相关视频讲解见资源7-1。

资源7-1

九、薪酬发放

薪酬发放是单位向员工支付薪酬的过程,由人力资源部与财务部协同完成。人力资源助理负责录入职工信息、制作薪酬发放表,并填写支出凭单。经人力资源部经理审核后,签发转账支票,进行支票登记。随着相关资料前往银行办理工资发放,银行柜员审核后划款。出纳在收到支票存根和支出凭单后,编制记账凭证,由会计审核后登记银行存款日记账。

十、五险一金计算

五险一金是我国社会保障体系的重要组成部分,包括养老保险、失业保险、工伤保险、生育保险、医疗保险以及住房公积金。

在缴费过程中,单位承担主要责任,按照规定的比例缴纳各项费用。养老保险的缴费比例为单位20%,个人8%;医疗保险的缴费比例为单位10%,个人2%;失业保险的缴费比例为单位2%,个人1%;生育保险的缴费比例为单位0.8%;工伤保险的缴费比例为单位1.5%;住房公积金的缴费比例为单位12%,个人12%。

在企业中,人力资源经理助理的主要任务之一是统计当月五险一金的变动情况,并与上月的缴费统计表进行核对。经过确认信息准确无误后,按照规定的缴费基数和比例,计算出单位和个人应该缴纳的金额,并记录在五险一金缴费统计表中。这一过程需要人力资源部经理进行审核,确保计算结果的准确性。经过确认后,相关人员签字,并将资料交由人力资源助理保管,以备后续查验和使用。五险一金计算及扣缴的详细视频讲解见资源7-2。

资源 7-2

十一、五险一金财务记账

在每月的流程中,出纳的职责包括前往银行领取社会保险和住房公积金的委托扣款凭证,随后将这些凭证提交给财务会计进行处理。同时,出纳需要及时告知人力资源助理有关本月社会保险和住房公积金扣款的具体金额。一旦财务会计收到委托扣款凭证,就会填制相应的记账凭证,并在凭证上粘贴上原始的付款通知单。

十二、住房公积金汇缴

企业在发生人员变动时，尤其是新进人员、员工离职或人员调往外地并成为常驻地的情况下，需要进行住房公积金的汇缴变更，并填写相应的变更汇缴清册。依据《住房公积金管理条例》，住房公积金是各类企业及事业单位在职职工缴存的长期住房储金。在进行住房公积金的汇缴时，企业可以选择直接交存转账支票、现金、银行汇款、委托银行收款等不同方式进行操作。

在实际实训操作中，住房公积金的汇缴流程采用了委托银行收款的方式。职工个人的月缴费基数根据上年度工资收入总额的月平均数计算，而新进单位的员工以其起薪当月的足月工资收入作为缴费基数。单位的月缴费基数则是所有参保职工的基数总和。

在管理住房公积金方面，人力资源经理助理的主要任务是负责整理并录入当月新加入住房公积金、转入本单位的员工信息。为确保准确性，需要收集新员工的身份证复印件，并在北京市住房公积金系统企业管理子系统录入相关信息。对于单位人员变动，如新增、转入、离职等，必须填写《住房公积金变更汇缴清册》，并在表上盖上单位的公章。接着，将这些资料提交给专管员进行核对，确保所有业务所需的资料完备、规范。对于准备不齐或不规范的情况，需及时告知企业经办人员，并在完成后进行归档，以便后续费用核算。

任务二　处理行政管理部门日常经营业务

一、签订厂房、仓库租赁合同

随着企业业务的不断扩大,企业对厂房和仓库的需求也相应增加。为满足这一需求,企业可以选择自建、租赁或购买等多种方式来扩大厂房和仓库的容量。在实际操作中,服务公司作为专业的房产供应商,为企业提供了仓库和厂房的详细租售信息。通过与服务公司的合作,企业得以获得所需资产的使用权或所有权。

在企业扩大业务规模、需求新增厂房与仓库的背景下,业务主管通过了解使用情况向经理提报租赁费用预算。经理在审批决策中告知业务主管是否需要租赁,并进行租赁谈判。业务主管与服务公司就租赁事宜展开谈判,涉及位置、价格、用途、服务期限等方面的细节。谈判达成一致后,双方正式签署书面合同。在合同签署前,经理审核合同内容,确认权利与义务,衡量风险。经过审核后,经理签字并盖章,将盖章完成的合同文本送交给服务公司,标志着租赁协议的正式成立。

二、支付厂房、仓库租金

企业在与房屋供应商签订厂房、仓库租赁合同后,按照合同约定的金额和支付时间,开具支票进行款项支付。在支付过程中,业务主管核对购销合同,填写支出凭单,并提交给客户总经理审核,确保凭单的准确性。客户总经理审核通过后签字,确认付款无误。接着,出纳根据审核后的凭单填写转账支票,并在支票登记簿上进行登记。支票交由客户业务主管交付给房屋供应商,同时将支出凭单和支票票根交给财务会计处理。财务会计接收支票票根和凭单,按合同约定支付租金,并填制相应的记账凭证,完成了租金支付的流程。

三、支付行政罚款

当商贸企业收到行政罚款决定书时，总经理委派行政主管负责电汇支付罚款。行政主管按照处罚决定书上指定的银行账户信息前往银行，通过 VB-SE 系统进行电汇操作，获得回单并交给总经理。总经理依据处罚决定书和回单，编制相应的记账凭证。同时，行政主管根据凭证和回单在银行存款日记账上进行登记。

四、投诉其他组织

在实训中，各组织间由于业务往来可能出现各种问题，若无法通过协商解决，受害方有权向工商局提出申诉。行政主管可以通过 VBSE 系统提交投诉，包括选择组织名称和填写详细的投诉原因。随后，工商局专管员使用 VBSE 系统查询和处理投诉，进行调查，并最终给出处理批复。

任务三　处理生产计划部门日常经营业务

一、购买产品许可

新产品开发是企业关注市场需求并采取一系列决策的过程，涵盖了从研究到生产的全方位活动。这一过程不仅包括对全新产品的研制，还包括对现有产品的改进和革新。在实训中，为模拟新产品研发，可选择购买生产许可证的方式，使得实践更加贴近真实业务环境，突显了新产品开发在企业研究与开发中的重要性。

在新产品的生产计划中，生产计划部经理首先确定市场需求并了解购买生产许可证的费用。随后，支出凭单经财务部经理审核后，由服务公司业务员在系统中完成生产许可证的购买，并开具费用发票。整个支付过程包括出纳员根据发票开具支票，成本会计记录支出信息，并最终由服务公司业务员将支票送至银行入账。

二、编制设备需求计划

在生产计划流程中,季初生产计划部经理需仔细整合销售订单、库存和车间产能等数据,编制生产设备需求计划表。该计划表经财务部和总经理审核后,最终传递给生产计划员,确保生产过程有序进行。

三、购买设备

在企业扩大产能的过程中,设备购买流程经历了严密的审核和签字环节。从设备需求计划提起到总经理最终审核签字,每一步都经过生产计划部和财务部的审核,确保购买合同的合法性和准确性。VBSE系统的记录和服务公司业务员的确认签字也进一步保障了交易的透明性。

四、支付设备购买款

生产计划部经理在查看执行情况后填写支出凭证,接下来的采购部经理、应付会计和财务部经理依次进行审核,确保支付流程的透明度和合法性。最终,出纳根据审核后的凭证填写转账支票,并经过一系列登记流程完成付款手续。

五、设备验收建卡入账

设备采购到货后,资产会计人员需根据采购发票,严格按照固定资产建卡流程,进行账务登记工作。为确保设备准确无误地投入生产,生产计划员需对设备进行验收,并将购置设备的增值税专用发票递交至资产会计处,以加快建卡及账务登记的进程。资产会计在收到发票后,将着手为新购设备制作固定资产卡片,并依据相关规定填写新增设备的记账凭证。随后,根据记账凭证准确登记科目明细账,以确保公司固定资产信息的完整与准确。

六、出售设备

企业出售设备的过程涉及多个环节,从生产计划部经理的合同拟定开始,通过线下签署设备出售合同,并对合同盖章确保合法性。随后,税务会计按照税法规定开具增值税专用发票,生产计划部经理将其交给服务公司业务员,完成交易凭证的流转。物理设备的交付通过系统操作实现,并伴随固定资产卡片的注销。最后,资产会计根据银行回单、发票等信息填写记账凭证,由财务部经理审核后登记科目明细账,完成了整个设备出售的财务管理流程。

七、支付设备维护

企业与服务公司建立的设备维护关系体现了企业对设备性能的关注和保障。支付设备维护费的流程应经过生产计划部经理的支出凭单填写,财务部经理的审核和出纳的付款手续,确保支付的准确性和合法性。生产计划部经理最终将支票送给服务公司,实现了按月有序支付设备维护费的目的。

这一财务流程中,各个环节紧密协作,确保了企业财务数据的准确性和规范性。财务会计在收到支票存根和支出凭单后,通过填制记账凭证记录了资金流向。财务部经理在审核凭证时,应注重准确性和信息完整性,确保财务数据的可信度。出纳在接收审核后的凭证后,迅速登记银行存款日记账,实现了及时的财务记录。

八、支付设备回购款

在融资需求下,制造企业通过将设备再次卖回给服务公司来解决资金问题。整个支付过程中,生产计划部经理负责协调发票和支票的交换,确保资金流转的合法性和准确性。服务公司业务员根据发票金额开具支票,实现了回购款的支付。出纳在银行办理入账手续后,将银行回单交给财务会计,完成了整个支付过程的财务记录。

九、支付贷款利息

贷款利息是指金融机构因向借款人提供贷款服务而获取的经济回报,是借款人使用资金所必须支付的成本。其公式为

$$贷款利息 = 贷款金额 \times 贷款利率 \times 贷款期限$$

银行柜员根据企业贷款额度和利率计算出应归还利息金额,并从企业贷款账户中扣除利息。出纳在收到银行打印的利息扣除凭条后,将其交给财务会计,后者据此编制记账凭证。整个过程通过财务部经理的审核和出纳的登记,最终将财务费用科目明细账完善记录。

主生产计划的相关视频讲解见资源7-3。

资源7-3

任务四 处理财务部门日常经营业务

【案例导读】

业务部的小赵和司机小钱执行送货任务,到达目的地时恰逢客户工厂的下班时间,因此需等待下午上班后才能完成卸货工作。在等待期间,客户工厂的收货员小孙与小赵闲聊,半开玩笑地要求小赵请他吃饭。小赵为人爽快,当场答应并热情地邀请小孙一同用餐。三人共享了一顿美餐,餐费共计68元。第二天,小赵前来提交报销申请,希望得到此次招待费用的批准。根据公司规定,业务人员未获得公司明确批准,不得擅自对客户进行任何形式的宴请或馈赠。关于3000元以下的费用报销,公司老总已授权你全权处理,无需再请示汇报。你是否会给小赵报销?

【思考】你如何使用自己手中的财务权力?

一、培训费用报销

企业培训费用报销流程严谨规范，环环相扣。从报销人员整理单据、填写费用报销单开始，经过部门经理、财务部、总经理的层层审核，确保了费用报销的合规性和准确性。支出凭单的填写和审核环节严格把关，现金支付和记账凭证的制作规范有序，充分体现了企业在财务管理方面的严谨细致和规范操作。整个流程经过多次审核，最终由出纳支付现金并在凭证上加盖公章，确保了财务流程的完整性和可靠性。

二、购买办公用品

企业日常运营中，购置办公用品是不可或缺的一环，通常由企业行政助理携带一定数额的现金执行采购任务。为确保采购活动的规范性，企业行政主管需依据实际需求翔实填写《办公用品采购需求申请表》。同时，还需依据所需现金量填报《借款单》。两份表单编制完成后，需呈交总经理进行审核。总经理将严格审查《借款单》的内容，判定其准确性与合理性，并签署意见。核准后的《借款单》将作为财务部门编制记账凭证的依据。

三、支付水电费

水电费支付流程中，费用会计根据发票提请出纳开具转账支票，确保了水电费的及时支付。各个环节包括支出凭单的填写、审核，转账支票的发放和记账凭证的制作都经过财务部经理的审核，以保障财务数据的准确性。出纳在发放支票后完成银行存款日记账的登记，费用会计则完成了费用科目明细账的登记。

四、提取现金

企业现金提取流程中，行政主管通过支出凭单提出现金需求，得到总经理的审核后签发现金支票。总经理在银行提取现金，并由行政主管负责入库。

总经理根据支票存根编制记账凭证，行政主管负责登记现金日记账，确保财务数据的准确性和完整性。

五、解存款项行

企业在结束每天的营业后，通过行政主管填写进账单并将超额库存现金送存银行，实现现金的安全管理和财务记录。银行柜员在接收现金和进账单后，通过系统办理存款业务，确保资金的准确入账。行政主管收到银行回执后，将其交给总经理，总经理在此基础上编制记账凭证。

六、购买支票

购买支票的过程中，客户及供应商行政主管携带银行印鉴到开户行，完成支票的购买。银行柜员通过系统销售支票，收取相应现金，并提供收费凭证。整个过程通过记账凭证和原始凭证的流转，保障财务数据的准确性。行政主管根据凭证登记现金日记账和支票登记簿，完成支票购买款的支付，并将相关记录交给财务会计。

七、购买增值税发票

发票在商业交易中具有法定地位，是财务收支、会计核算和税务执法的必要凭证。总经理购买发票的过程中，税务局专管员通过系统生成销售增值税专用发票，并提供相应的收费凭证。总经理根据这一凭证编制记账凭证，为财务记录提供了准确的原始依据。

八、增值税计算

根据我国税收法规，增值税是以生产和流通各环节产生的附加值为计税依据的一种税种。在实际操作中，可采用间接计算方式，即销售货物或提供应税劳务的纳税人要根据销售额和适用税率计算应缴纳的税款，并从中扣除上一环节已缴纳的增值税税款,最终得出本环节应缴纳的增值税税款。

根据税收规定,税务会计需依据科目余额表,认真填写增值税纳税申报表,并准确计算应纳增值税额(销项税额减进项税额)。完成后,税务会计需将纳税申报表提交至财务部经理进行严格审核。财务部经理在接收到申报表后,将着重对数据计算及填写的正确性进行细致审核。如若审核无误,财务部经理需在纳税申报表上签署姓名,并由税务会计呈交总经理进行最终审核。总经理在接收到申报表后,将仔细审核各项内容,如若无误,将在增值税纳税申报表上签署姓名,完成整个审核流程。

九、增值税申报

增值税是一种按商品或服务的附加值(增值)征收税费的制度。它是一种间接税,最初由法国在 1954 年引入,并随后在许多国家得到采用。增值税的征收是基于商品或服务在生产和销售过程中所增加的价值。

在增值税制度下,税务部门通常征收的是商品或服务的销售价与生产过程中的购入成本之间的差额,即增值的部分。这种税制通过在每个经济活动阶段征收税款,实现在生产和分销链上多个阶段的税收,从而在最终消费者购买产品或服务时形成最终的税负。

增值税的优点包括提高税收的效益,降低了对生产要素的直接税收负担,同时也减少了商品生产与销售环节的逃税可能。它通常被视为一种相对透明和公平的税收制度,因为它可以避免对生产要素的双重征税,即避免在生产和消费环节同时征税。

按照税务会计流程,需由税务会计前往行政助理处领取《公章、印鉴使用申请表》,按要求填写完毕后,连同增值税纳税申报表呈交总经理审批。获得审批后,需携带已审批并签字的《公章、印鉴使用申请表》以及增值税纳税申报表返回行政助理处,加盖公章后转交至财务部经理。

财务部经理接收上述文件后,将根据增值税纳税申报表审核《公章、印鉴使用申请表》的准确性。确认无误后,需再次呈交总经理审批并签字。随后,总经理审阅完毕的《公章、印鉴使用申请表》以及增值税纳税申报表需交还给行政助理处。

行政助理在收到文件后,需核对领导审批情况,确认无误后,在增值税纳税申报表上加盖公章,并登记《公章、印鉴使用登记表》。盖章完毕后,将《公章、印鉴使用申请表》留存,其他表单需由税务会计带回。

税务会计在取得已盖章的表单后,需前往税务局进行纳税申报,并领取由税务局专管员审核并签字盖章的《税收缴款书》。随后将《税收缴款书》转交给出纳。

出纳在接收《税收缴款书》后,需前往银行缴纳税款。银行柜员办理完税款转入国库手续后,将在《税收缴款书》回单上盖"转讫"章,并打印回单,一并退还给出纳。出纳领取银行划款完毕盖章后的《税收缴款书》,并将其再次转交至税务会计。

税务会计在接收《税收缴款书》后,需编制记账凭证,并将《税收缴款书》作为附件粘贴在记账凭证后面,随后将记账凭证呈交至财务部经理进行审核。财务部经理确认记账凭证附件的合法性、准确性以及记账凭证填制的准确性等信息无误后,可将其转交给出纳。

最后,出纳接收财务部经理审核后的记账凭证,并据此登记银行存款日记账后,将记账凭证转交至财务会计进行科目明细账登记。

增值税缴纳的相关讲解视频见资源7-4。

资源7-4

十、各营运部门借款

各营运部门因工作需要借款,主要用于结算零星开支、业务采购和差旅费报销等。为确保新团队接手部门经营后的资金流转顺畅,各部门需按规定借一定金额的备用金。在VB-SE实训中,各部门备用金金额统一为500元。

根据公司的财务管理规定,由各营运部门的相关人员(包括行政助理、生产计划部经理、营销部经理、人力资源部经理、仓储部经理和采购部经理)前往出纳处领取借款单。在认真填写借款金额为 500 元的借款单后,需提交给部门经理(由总经理兼任)进行审核。审核通过后,再交由财务部经理复核。完成以上流程后,方可前往出纳处领取现金。

出纳人员在收到行政助理提交的已经审核的借款单后,应按规定支付现金 500 元给借款人。为确保借款单的完整性,出纳人员需在借款单上加盖"现金付讫"印章,并将借款单转交给财务会计作为记账凭证的附件。

财务会计在收到出纳人员盖章的借款单后,需认真填制记账凭证,并将借款单粘贴在记账凭证的背面作为附件。完成记账凭证的编制后,需提交给财务部经理进行审核。

财务部经理对财务会计提交的记账凭证进行严格审核,确认无误后,交给出纳人员登记现金日记账。出纳人员在收到财务部经理审核后的记账凭证后,应按规定登记现金日记账,并将记账凭证转交给财务会计登记科目明细账。

财务会计在收到出纳人员转交的记账凭证后,应据此登记科目明细账,以确保公司财务记录的准确性和完整性。

部门借款业务相关视频讲解见资源 7-5。

资源 7-5

十一、现金盘点

现金盘点制度作为企业货币资金管理的核心制度,每月由出纳进行盘点。该制度通过将现金的账存数与出纳手中实际的现钞进行核对,确保现金的账实相符。若现金实存数大于账存数,则形成现金溢余;反之,若现金实存数小于账存数,则形成现金短缺。

根据规定,出纳需查询现金日记账账面余额,确定现金盘点时间,并及时通知财务部经理进行现场监督。在财务部经理的严格监督下,出纳需对现金进行仔细清点,并如实填写现金盘点表,随后签字确认。盘点结束后,出纳需将已签字的现金盘点表提交给负责监督的财务部经理进行再次确认。最后,出纳需根据盘点结果,编制现金盘点报告单,并呈交财务部经理进行审核。

十二、库存盘点

由于企业存货数量庞大、收发频繁、计量误差及自然损耗等原因,可能会导致实际库存数量与账面数据存在偏差。为避免账实不符的现象,应实施定期库存盘点制度,以深入了解实际情况并及时调整账面数据,确保库存记录与实际物品数量一致。

每个季度末,仓管人员需进行实地盘点,核实库存数据是否与仓储部经理记录的存货出入库存台账相符。一旦发现盘盈或盘亏情况,必须按照既定程序进行处理,及时调整库存记录。此外,仓储部的存货台账应与成本会计记录的存货明细账进行定期核对,以确保各部门之间的账目数据保持一致。

由成本会计发布盘点通知,明确盘点的具体安排和要求。通知将发送给仓库管理人员以及其他相关人员,确保所有人了解并遵循盘点的流程和规定。接下来,仓库管理人员在收到通知后,将根据盘点要求进行实地盘点,并详细记录盘点结果。盘点表将提交给仓储部经理和成本会计进行审核。仓储部经理将对提交的盘点表进行抽查,以验证数据的真实性和准确性。成本会计将对所有盘点结果进行复核,并与账面数据对比,形成完整的盘点报告。在盘点过程中,如发现账实不符的情况,应立即查明原因,并采取相应措施进行纠正。同时,对于盘点报告中的账实不符问题,应组织专门人员进行深入调查和分析,确保问题得到妥善处理。仓储部经理在收到盘点报告后,应对其进行全面审查,并根据审查结果更新库存台账。财务部经理将对成本会计提交的盘点报告进行审批,确保报告的准确性和合规性。最后,成本会计将根据审批意见填制记账凭证，并在经过财务部经理审核无误后，登记相关明细账目。

十三、计提折旧

在每个会计期末，总账会计和成本会计需按照会计制度的规定，采用固定资产折旧方法进行折旧的计提工作，并准确登记科目明细账。对于生产和计划部门的折旧费用，需纳入生产成本进行核算；而对于其他部门的折旧费用，则需计入期间费用进行管理。

根据既定的固定资产政策和明细账，财务会计将严格进行折旧的计提工作，并详细填写管理部门和生产部门的固定资产折旧计算表。同时，还需精确编制管理部门折旧记账凭证，并将生产部门固定资产折旧计算表准确提交至成本会计处，以便其进行记账凭证的填制。成本会计在接收到生产部门固定资产折旧计算表后，将据此精确填制生产部门折旧记账凭证，随后将所填制的记账凭证提交给财务部经理进行严格审核。财务部经理在接收并审核无误后，将记账凭证分别退还给财务会计和成本会计，以便进行科目明细账的登记工作。成本会计在核对记账凭证无误后，应及时登记制造费用明细账，并将已填制的记账凭证交还给财务会计，以便其登记累计折旧明细账。财务会计在核对财务部经理及成本会计提交的记账凭证无误后，将根据相关凭证登记管理费用明细账，并依据管理部门和生产部门折旧记账凭证精确登记累计折旧明细账。所有记账凭证在登记完毕后将统一整理归档，确保账务处理的准确性和完整性。

十四、结转销售成本

销售成本是指已经销售产品的生产成本或已提供劳务的劳务成本以及其他销售的业务成本。月末，对销售商品的名称及数量，分别按照库存商品中结出的平均成本价，算出总成本，进行主营业务成本的计算结转，其公式为：

主营业务成本＝产品销售数量或提供劳务数量×产品单位生产成本或单位劳务成本

在销售产品的过程中,其具体的销售数量直接体现在"库存商品明细账"上。对于产品单位生产成本的计算,可采用诸如先进先出法或全月一次加权平均法等不同的方法。然而,一旦企业决定采用某种方法,便应始终如一地坚持使用,这不仅是核算的准则要求,更是确保数据一致性和可比性的重要前提。

在总经理的指导下,汇总产成品出库单中的出库数量,并结合库存商品的成本金额,进行平均单价的计算。随后,将编制销售成本结转表,确保准确反映各项业务内容。在此过程中,应严格审核原始凭证、产品成本出库单和生产成本结算表、销售成本结转表等文件,确保数据的真实性和准确性。最后,总经理将在记账凭证的"制单"处进行签字或盖章,以确认其有效性。

十五、期末结账

期末结账工作涉及科目汇总、期末结转以及本期财务成果的确认等多个环节。

(一)科目汇总

出纳、财务会计和成本会计分别根据科目明细账进行科目汇总。

(二)期末结转

在财务管理流程中,财务会计人员需对本期发生的收入和费用类科目进行准确结转,确保账目清晰、准确。同时,根据国家税收法规,精确计算所得税并进行相应结转。

(三)结账

为确保会计信息的准确反映,各单位需在每个会计期末进行结账工作。结账是在核对账目无误的基础上,按照规定的方法对本期内的账簿记录进行总结,结算出本期发生额合计数和余额,并将余额结转到下期或者转入新账,以全面反映该时期内的经济业务活动和财务状况。

(四)编制财务报告

财务部经理需负责编制企业资产负债表和利润表,并予以对外发布。在编制过程中,财务部经理需依据出纳所记录的科目明细账进行科目汇总,同时,还需根据财务会计记录的科目明细账进行汇总。此外,成本会计所记录的科目明细账亦需进行汇总,以为报表编制提供全面准确的数据支持。

随后,财务会计人员将负责结转收入、主营业务税金及附加、管理费用、销售费用、财务费用以及所得税等会计事项。在完成上述结转后,还需进一步结转产成品以及主营业务成本等项目。最终,财务部经理将根据科目汇总表出具资产负债表及利润表,确保报表的准确性和完整性。

十六、编制报表

为确保经济业务在账簿中的准确记录,以及经济活动和财务状况的全面总结,各单位必须于每个会计期末进行结账工作,并编制财务报表。目前,企业每期需编制的财务报表主要包括资产负债表、利润表、现金流量表以及所有者权益变动表。同时,总经理需根据科目汇总表出具资产负债表和利润表,以确保报表的准确性和完整性。

十七、会计资料整理

会计档案,作为国家档案的关键构成部分,同时也是各单位档案中的重要一环,主要是指会计凭证、会计账簿和财务会计报告等会计核算专业资料。这些资料不仅是经济业务的重要历史记录与证据,更是反映和记录经济活动的重要史料。通过查阅会计档案,可以全面了解各项经济业务的来龙去脉,同时,还可以对单位是否遵守财经纪律以及在会计资料中是否存在弄虚作假、违法乱纪等行为进行有效核查。此外,会计档案还能为国家及单位提供详尽的经济资料,为国家制定宏观经济政策及为单位制定经营策略提供重要的参考依据。

会计档案作为重要的经济档案,其保管期限因重要程度的不同而有所差异。根据会计档案的特点，我们将其分为永久档案和定期档案两类。永久档案是指那些需要长期保存、不得销毁的档案，而定期档案则根据具体的保管期限分为3年、5年、10年、15年和25年这5种类型。在确定会计档案的保管期限时，应从会计年度终了后的第一天算起，以确保档案的准确性和完整性。

会计档案的管理应遵循一定的原则，以确保其完整性和有序性。首先，应按照档案的自然形成规律和特点进行整理，以保持档案之间的历史联系。其次，应区分不同档案的保存价值和类型，以便于后续的保管和利用。整理工作包括分类、立卷、排列、编号、质量检查与调整等环节，以确保档案的完整性和准确性。在实训中，商贸公司的会计资料包括日记账、记账凭证、报表等。应按照业务发生的时间顺序，将记账凭证进行有序整理。此外，日记账应仅包括现金和银行存款两类账目。客户的记账凭证也应规整在一起，并将各类报表附在后面，最后装订成册并归档保存。

项目八　企业运营绩效评价

【知识目标】
熟悉评价企业经营绩效内容、指标与方法
【能力目标】
掌握评价企业经营绩效方法的应用
【案例导读】
彼得·圣吉在《第五项修炼》里提到，问题的解决方案既有"根本解"，也有"症状解"。"症状解"能迅速消除问题的症状，但只有暂时的作用，而且往往有加深问题的副作用，使问题更难得到根本解决。"根本解"是根本的解决方式，只有通过系统思考，看到问题的整体才能发现"根本解"。处理绩效问题时，若能系统思考，追本溯源，总览整体，抓住事物的根源，往往能够收到四两拨千斤的功效。
【思考】企业绩效考核应该考虑哪些因素？

任务一　杜邦财务分析

一、杜邦分析内容

杜邦分析法作为评价公司盈利能力、股东权益回报水平及企业绩效的经典方法，其独特的财务视角为众多企业所青睐。这一方法最初由美国杜邦公司所采用，因而得名。基本理念在于将企业净资产收益率细化分解为多个财务比率的乘积，进而实现对企业经营业绩的深入剖析与比较。

杜邦分析法是一种重要的财务分析工具，它以股东（所有者）权益净利率为出发点，以总资产净利率为核心指标，深入挖掘企业的盈利能力及其内在原因。

以小明借款炒股为例，其初始自有资金为50万元，但认为资金尚不充足，故向其小伙伴们借款50万元。小伙伴们虽感为难，但考虑到小明之前的还款记录，决定以年化收益率40%的利息出借。

随后，小明将自有资金与借款合共投入某只股票，每股成本价为10元，买入10万股（未计交易费用）。一年后，该股票价格上涨至20元，小明所持有的10万股市值跃升至200万元。小伙伴们得知小明获利后，前来收取本金及利息，共计收走70万元（一年后本金及利息一并偿还）。至此，小明尚余130万元资金。从小明的角度来看，其初始50万元的投资，一年后增值至130万元，收益率高达160%。此即为权益净利率的体现，即利用自有资金所创造的利润。同样地，若将此概念运用于企业经营中，权益净利率将为企业股东的投资回报率。

那么，权益净利率受到哪些因素的影响呢？为了解答这个问题，我们将权益净利率分解为若干个相互关联的财务指标，并将这些指标以图表的形式呈现出来，这就是所谓的杜邦分析图。如图8-1所示。

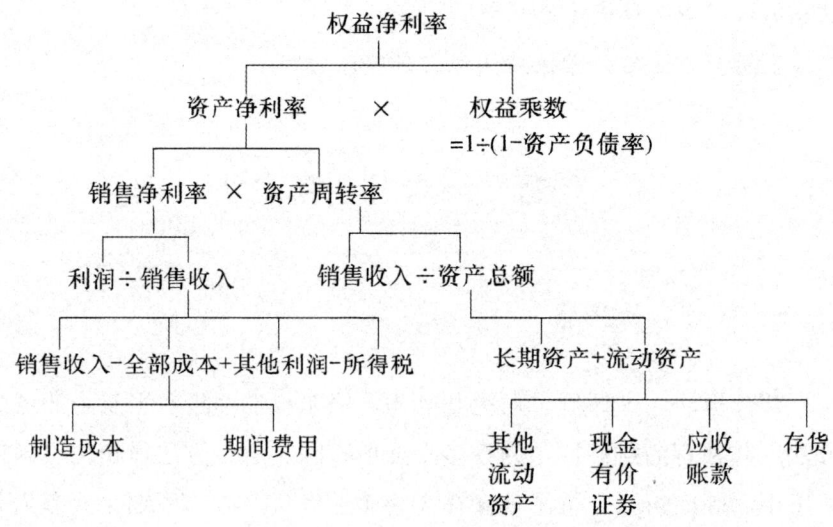

图8-1　杜邦分析

杜邦分析图反映了以下几种重要的财务指标关系：

$$权益净利率 = 资产净利率 \times 权益乘数$$
$$= 销售净利率 \times 资产周转率 \times 权益乘数$$
$$= 销售净利率 \times 资产周转率 \times 1/(1-资资产负债率)$$

二、杜邦分析体系指标结构关系分析

（一）权益净利率

在财务分析中，权益净利率是一项极具综合性的指标，它不仅是杜邦分析系统的核心，更深刻地揭示了企业的经营效率与盈利能力。这个比率具体衡量的是，企业在每销售一元产品中，真正归属于股东的净利润有多少。正因为权益净利率反映了企业所有者投入资本的获利能力，它自然成为企业筹资、投资和资产管理等经营活动效率的直接体现。

不论是企业的所有者还是经营者，都极为关注权益净利率的变化趋势及其背后原因。销售净利率、总资产周转率和权益乘数这三个因素，直接影响着权益净利率的高低。销售净利率主要与企业经营管理水平密切相关，总资产周转率则受投资管理水平的影响，而权益乘数则与企业的筹资策略息息相关。透过这三个因素的分析，使得权益净利率升降变化的原因变得更为具体和明晰，远胜于单一的综合性指标所能提供的信息。

（二）销售净利率

资产净利率作为影响权益净利率的核心指标，具有极强的综合性。而资产净利率的高低，则主要取决于销售净利率和总资产周转率的表现。销售净利率作为反映销售收入收益水平的指标，其提升依赖于扩大销售收入和降低成本费用的有效实施。这不仅是提高企业销售利润率的必经之路，也是优化企业经营成果的重要环节。

企业盈利能力的提升，固然离不开优质治理结构和品牌价值的支撑，但行业环境对企业销售净利率的影响同样不容忽视。在传统行业，即便是经营有方的企业，其销售净利率也往往难以企及暴利行业的普通企业。

根据相关要求，我们从银行业和食品调味品业两个行业中，各选取了 7 家上市公司作为研究对象。由于年报尚未全部披露，我们采用了 2016 年三季报的数据作为参考。这 14 家上市公司的销售净利率情况，截至 2016 年三季度末，如图 8-2 和图 8-3 所示。

股票代码	上市公司	销售净利率/%
601398	GS 银行	43.16
601939	JS 银行	41.19
601988	ZG 银行	41.06
601288	NY 银行	39.93
601328	JT 银行	35.92
600016	MS 银行	34.27
600036	ZS 银行	32.66
603288	HT 味业	22.76
603696	AJ 食品	15.88
002495	JL 股份	13.92
603027	QW 味业	13.12
600305	HS 醋业	11.03
002650	JJ 食品	9.54
600186	LH 健康	-5.17

图 8-2 企业销售净利率

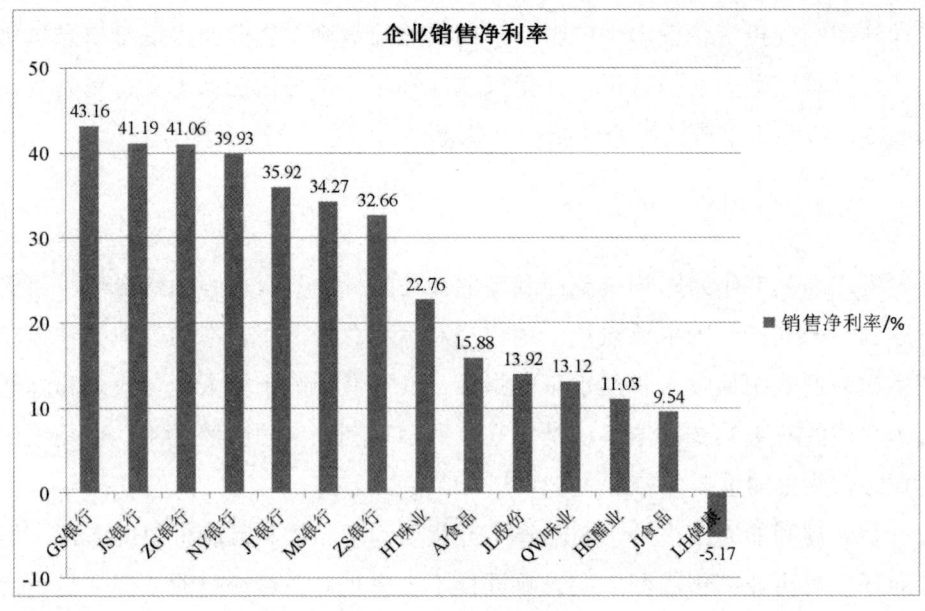

图 8-3 企业销售净利率

调味品行业中，除 HT 味业和 LH 健康外，其余公司的销售净利率均较为接近，平均水平在 12%～13%之间。尽管 HT 味业在行业中表现出色，其 22.76%的销售净利率仍然较 ZS 银行低了近 10 个百分点。这一差距由于行业特性而难以弥补。换言之，不同行业间销售净利率存在差异，因此调味品行业在销售净利率方面无法与银行业相抗衡。

（三）总资产周转率

总资产周转率是指企业在一定时期内业务收入净额同平均资产总额的比率，是综合评价企业全部资产的经营质量和利用效率的重要指标。总资产周转率反映总资产的周转速度。换言之，总资产是一个企业能够控制的资源，用这个资源所创造的销售额就是总资产周转率的含义，这个比率充分反映了企业对总资产的利用效率，同时也是企业运营效率的体现。

我们常常耳闻的一个概念便是"薄利多销"。在商业运营中，薄利多销是通过降低销售价格来增加销售量的策略。在杜邦分析法的框架下，薄利多销策略的实施关键在于降低净资产收益率，同时提高总资产周转率，进而提升股东的投资回报率。

股票代码	上市公司	总资产周转率/%
601398	GS 银行	2.26
601939	JS 银行	2.43
601988	ZG 银行	2.13
601288	NY 银行	2.10
601328	JT 银行	1.93
600016	MS 银行	2.29
600036	ZS 银行	2.90
603288	HT 味业	79.04
603696	AJ 食品	26.52
002495	JL 股份	18.46
603027	QW 味业	64.90
600305	HS 醋业	46.67
002650	JJ 食品	47.32
600186	LH 健康	56.56

图 8-4　企业总资产周转率

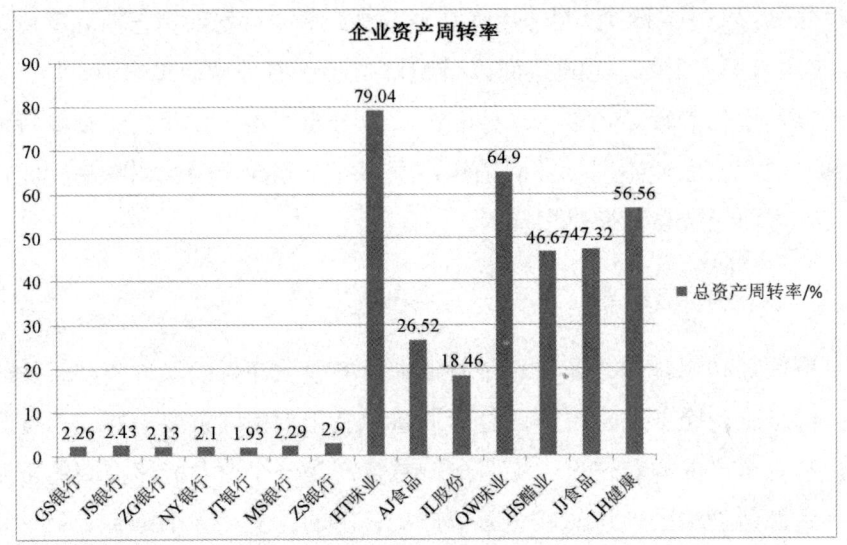

图 8-5　企业资产周转率

企业所处的行业对于其总资产周转率有着显著的影响。根据我们选取的 14 家上市公司截至 2016 年三季度末的数据，总资产周转率的分布情况如图 8-4、图 8-5 所示。从图 8-5 中可以清晰地看到，调味品行业的销售速度明显高于银行业，这充分体现了不同行业之间的竞争态势和业务特点。

此外，虽然 ZS 银行的零售业务表现出色，超过了一些大型银行，但是与调味品行业中表现较为一般的 JL 股份相比，仍存在一定的差距。

对于调味品行业而言，AJ 食品和 JL 股份的销售水平有待提升。然而，值得注意的是，这两家企业在销售净利率方面表现较好，排名较为靠前。这可能意味着，这两家企业在销售费用方面较为节制，可能在广告和代销方面的投入不足，从而影响了产品的销售速度和市场占有率。

（四）权益乘数

权益乘数作为衡量企业负债财务杠杆的指标，其数值能够揭示企业经营活动中运用财务杠杆的程度。通常情况下，资产负债率较高的企业，权益乘数也相应较大，这表明公司在经营活动中较大程度地利用了负债融资。此类企业可能会获得更多的杠杆利益，但同时也承担着较高的风险。反之，资产负债率较低的企业，其权益乘数相对较小，表明公司负债程度较低，杠杆利益较少，风险也相对较低。

上市公司的权益乘数水平因公司个体差异而异，但总体上受到行业特性的影响。不同的行业对于财务杠杆的运用程度存在差异，因此，企业所处的行业往往决定了其权益乘数的合理区间。以选取的 14 家上市公司为例，截至 2016 年三季度末的权益乘数分布情况如图 8-6、图 8-7 所示。

股票代码	上市公司	权益乘数
601398	GS 银行	12.1
601939	JS 银行	13.05
601988	ZG 银行	12.19
601288	NY 银行	14.52
601328	JT 银行	13.07
600016	MS 银行	16.79
600036	ZS 银行	14
603288	HT 味业	1.22
603696	AJ 食品	1.03
002495	JL 股份	1.05
603027	QW 味业	1.12
600305	HS 醋业	1.41
002650	JJ 食品	1.54
600186	LH 健康	—

图 8-6 企业权益乘数

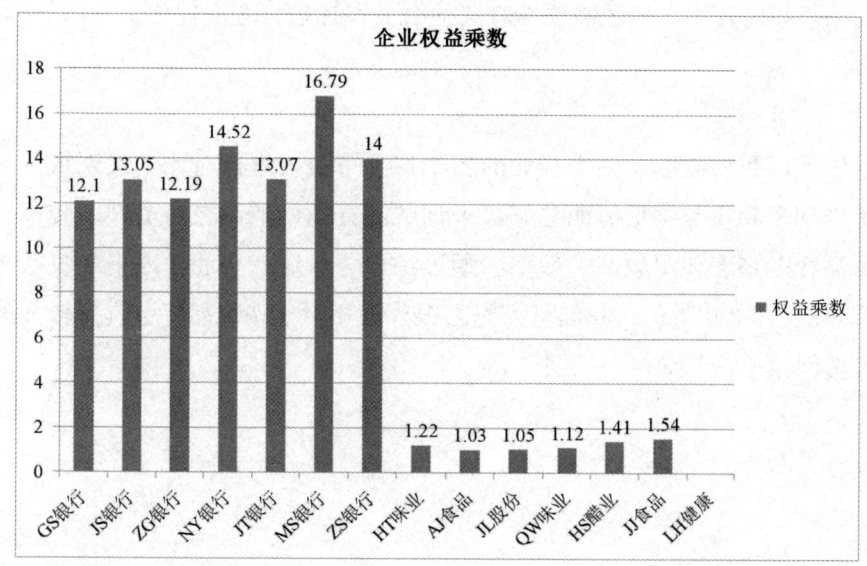

图 8-7 企业权益乘数

根据图 8-7 的数据显示，银行业的权益乘数普遍较高。权益乘数作为评估企业负债状况的重要指标，其计算方式为总资产与净资产的比值。当比值为 1 时，意味着企业的资产全部由自有资金支持，无负债；而当权益乘数升高，则表示负债比例也随之上升。考虑到银行业普遍的权益乘数超过 12，部分人士担忧这预示着银行业可能面临经营困境甚至倒闭的风险。然而，我们需要进一步的数据和深入的分析来评估这一现象，不能单纯以这一指标来断言银行业的生存状况。

银行业权益乘数较高的原因在于其资产负债表的科目与传统企业存在明显差异。银行业务中的负债主要来源于储户和企业的存款，这与传统企业的资产科目完全相反。这意味着企业的银行存款被视为银行的负债，进一步反映出银行在放贷和吸收存款方面的高规模和高杠杆率。银行业通常能够接受权益乘数超过 10 的情况，这与其业务特性和风险承受能力密切相关。此外，某些行业在权益乘数方面也存在一定的标杆效应，这为企业之间的比较提供了参考。相对而言，调味品行业的权益乘数普遍较低，通常不超过 1.5，这与其业务模式和经营策略密切相关。对于资不抵债的企业，其权益乘数为负值，因此不进行计算。最后，如果企业的权益乘数小于 2，这通常意味着其资不抵债的风险相对较小，但也需要结合其他财务指标进行全面评估。

（五）综合分析

以上，我们选取了两个行业的各 7 家上市公司进行对比，发现银行业在销售净利率和权益乘数方面显著高于调味品行业，然而在总资产周转率上，调味品行业却表现出较高的效率。通过综合分析这些企业的净资产收益率，如图 8-8、图 8-9 所示，我们可以得出银行业相对于调味品行业具有较高的股东投资回报率。

股票代码	上市公司	销售净利率/%	总资产周转率/%	权益乘数	净资产收益率/%
601398	GS 银行	43.16	2.26	12.1	16.53
601939	JS 银行	41.19	2.43	13.05	17.16
601988	ZG 银行	41.06	2.13	12.19	13.66
601288	NY 银行	39.93	2.10	14.52	17.10
601328	JT 银行	35.92	1.93	13.07	12.84
600016	MS 银行	34.27	2.29	16.79	16.58
600036	ZS 银行	32.66	2.90	14	18.36
603288	HT 味业	22.76	79.04	1.22	22.70
603696	AJ 食品	15.88	26.52	1.03	4.21
002495	JL 股份	13.92	18.46	1.05	2.73
603027	QW 味业	13.12	64.90	1.12	11.11
600305	HS 醋业	11.03	46.67	1.41	7.76
002650	JJ 食品	9.54	47.32	1.54	6.70
600186	LH 健康	-5.17	56.56	—	-65.11

图 8-8 14 家公司综合分析数据

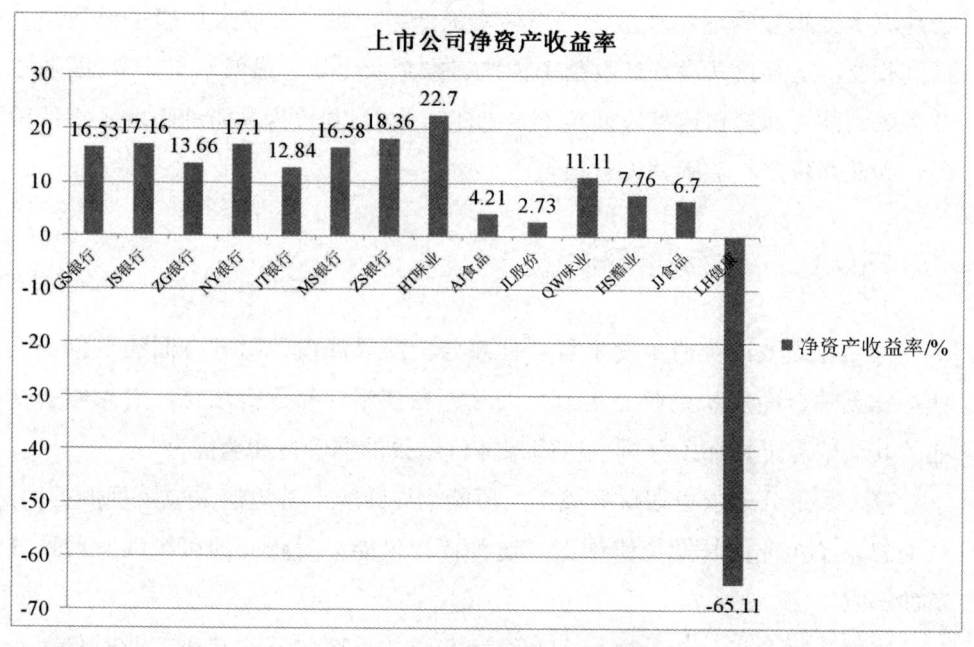

图 8-9 上市公司净资产收益率

通过图 8-8 的数据分析，我们不难发现银行业净资产收益率分布较为均衡，其中最低为 JT 银行（12.84%），最高为 ZS 银行（18.36%）。然而，在调味品行业中，企业间表现出了较为明显的差异，尤其在盈利的企业群体中，净资产收益率的差距尤为突出。具体来说，LH 健康的净资产收益率为-65.11%，而 HT 味业却高达 22.70%，两者之间存在显著的差距。

为了深入了解行业内企业净资产收益率的差异原因，我们可以借助杜邦分析法进行详细剖析。选取 AJ 食品、QH 味业、SH 醋业进行对比分析（如图 8-10 所示），我们可以进一步揭示其内在的财务结构差异和经营效率的优劣。

603696	AJ 食品	15.88	26.52	1.03	4.21
603027	QW 味业	13.12	64.90	1.12	11.11
600305	HS 醋业	11.03	46.67	1.41	7.76

图 8-10 三家公司分析数据

通过观察图 8-10 的数据，我们能够发现，在净资产收益率这一关键指标上，QH 味业在三家公司中表现最佳。然而，若从业务盈利能力（销售净利率）的角度进行评估，AJ 食品无疑是其中的佼佼者。遗憾的是，AJ 食品在产品销售速度上显得较为迟缓（总资产周转率最低），且未采取大规模举债策略来提高收益，这导致其净资产收益率在这三家企业中处于最低水平。SH 醋业在业务盈利能力和销售速度方面虽不及 QH 味业，但其较为大胆地采取了举债策略，因此净资产收益率并没有很低。

三、杜邦分析法的局限性

从企业绩效评价的角度来看，杜邦分析法只涵盖了财务方面的数据，这使得它无法全面反映企业的实力。因此，在使用杜邦分析法时，必须结合企业的其他信息进行深入分析，以确保评价结果的准确性和全面性。

第一，过分追求短期财务成果，可能会导致企业管理层采取短视的行动，从而忽略了企业的长期价值创造。这种行为可能会对企业的可持续发展造成负面影响。

第二，财务指标作为衡量企业经营业绩的重要依据，其在工业时代对企业经营水平的评估具有显著意义。然而，随着信息时代的来临，诸多新型因素如顾客、供应商、雇员以及技术创新等在企业经营中的地位逐渐上升，对企业业绩的影响力日益增大。在此背景下，传统的杜邦分析法在评估企业经营业绩时显得捉襟见肘，难以满足新时代的需求。

第三，在当前的商业环境中，无形知识资产已成为决定企业长远竞争力的关键因素。然而，杜邦分析法在准确评估无形资产价值方面显得力不从心。

第四，在进行杜邦分析时，必须进行对比分析。只有通过对比，我们才能清晰地看到 LH 健康和 HT 味业在经营绩效上的差距。同样地，仅凭单一的思考方式，无法准确地判断 HT 味业三个关键指标的高低，这种做法是不合逻辑的。

第五，在进行杜邦分析法分析时，我们应当着重考虑行业内的相关数据，以便进行更准确的比较。将 HT 味业的数据与 ZS 银行的数据进行对比，显然是不符合行业规范的，也缺乏严谨性。

任务二　平衡记分卡绩效考核

一、平衡记分卡

平衡计分卡（Balanced Score Card，BSC）是一个系统化、规范化的工具，旨在将组织的战略目标转化为一系列具体的、可衡量的指标。按照卡普兰和诺顿的观点，"平衡计分卡是一种绩效管理的工具。它将企业战略目标逐层分解转化为各种具体的相互平衡的绩效考核指标体系，并对这些指标的实现状况进行不同时段的考核，从而为企业战略目标的完成建立起可靠的执行基础"。

（一）平衡记分卡的主要内容

平衡计分卡，作为战略执行与绩效评估的关键工具，将组织的使命和战略转化为具体、可衡量的目标和指标。这一方法论强调从四个核心维度——客户、业务流程、学习与成长、财务——全面审视和评估组织的业绩。

在客户维度上，企业需明确自身在市场中的定位，以及目标客户群体，进而将这些目标转化为一系列可操作的指标。这些指标不仅包括市场份额、客户保持率和客户获取率等传统指标，还涵盖了顾客满意度和顾客获利水平等更为全面的衡量标准。在业务流程维度上，平衡计分卡要求公司以客户和股东的需求为出发点，优化内部流程，并设立相应的衡量指标。这不仅强调现有流程的持续改进，更注重构建全新的内部流程，以满足客户需求并实现财务目标。学习与成长维度强调公司在发展过程中不断学习、创新和提升的重要性。通过提升员工技能、优化内部培训体系、激发员工潜力等措施，组织能够提升整体竞争力，为长远发展奠定坚实基础。最后，财务维度作为平衡计分卡的重要组成部分，旨在确保组织的财务目标与战略目标保持一致。通过合理的财务规划、成本控制以及资本运作等手段，组织能够实现稳健的财务表现，并为股东创造更多价值。

接下来，我们将按照财务层面、客户层面、业务流程层面、学习与成长层面的顺序进行详细介绍。

1. 财务层面

在企业的绩效评估体系中，财务性绩效指标一直占据着重要的地位。这些传统指标不仅反映了企业的战略导向，而且检验了其实施和执行的效果。具体而言，财务性绩效指标关注企业的盈利状况，如收入增长、成本降低等，以此评估企业的经营成果。

然而，我们也应认识到，非财务性绩效指标同样不容忽视。它们作为实现企业目标的手段，如质量提升、生产时间优化等，对于企业的长期发展具有重要意义。这些指标的变化可以揭示企业运营效率的提高或改进，从而为企业的持续发展奠定坚实基础。

财务性绩效指标的核心内容包括对收入结构的分析、成本控制、生产率的提高等。它们是衡量企业战略实施效果的关键因素，直接关系到企业的盈利能力。在设定财务目标时，我们应重点关注与获利能力紧密相关的指标，如营业收入、资本报酬率等。同时，对销售额的迅速增长或创造现金流量等其他财务目标的追求也是实现企业整体战略的重要环节。

2. 客户层面

根据平衡记分卡的原则，企业需将自身的使命和战略转化为与客户密切相关的具体目标和关键绩效指标。在制定战略时，企业应以目标客户和目标市场为导向，聚焦于满足核心客户的需求，而非试图满足所有客户的期望。客户最关心的五个方面包括时间、质量、性能、服务和成本，企业需在这五个方面设立清晰的目标，并将这些目标细化为可执行的指标。

在客户层面指标的衡量中，主要涵盖市场份额、老客户挽留率、新客户获得率、顾客满意度以及从客户处获得的利润率等关键绩效指标。在平衡记分卡的客户层面上，管理者需明确业务单位所针对的竞争客户和市场，以及在这些目标客户和市场中的绩效评估标准。

通过关注客户层面的指标，如客户满意度、客户保持率、客户获得率、客户盈利率以及在目标市场中的份额等，业务单位的管理者能够清晰阐述客户和市场战略，从而为企业创造更多的财务回报。

3. 业务流程层面

在建立平衡记分卡的过程中，应首先明确财务和客户层面的目标，然后着力于业务流程的优化。该流程的核心在于提升客户满意度和实现财务目标，以最关键的业务流程为中心，同时注重短期的业务改进和长期的创新发展。在业务流程层面，评价指标应涵盖改良和创新过程、经营过程以及售后服务等方面。各级管理者需对组织在这些关键内部流程中的优势进行确认，以更好地满足市场需求，实现股东所期望的财务回报。

4. 学习与成长层面

学习与成长的目标是整个记分卡的基础架构，为其他三个目标提供了前进的动力。在全球化的竞争环境中，企业现有的技术能力已无法满足未来的业务需求。虽然短期内削减对学习与成长的投资可能会带来财务收益，但这种策略将对企业产生长期的不利影响。因此，我们必须重视学习与成长层面的指标。

（二）平衡记分卡的建立原则

在构建一个具有严密结构的平衡计分卡时，应确保其包含一系列相互关联的目标与度量标准。这些度量标准不仅在纵向上保持连贯性，而且在横向上能够相互强化。

建立以战略为评估标准的平衡计分卡，必须遵循三大准则：一是因果关系，确保计分卡各要素之间的逻辑连贯；二是成果量度与绩效驱动因素，为组织提供明确的绩效指标和提升方向；三是财务联结，确保战略实施与企业财务目标的统一。这三个原则构成了平衡计分卡的基础框架，紧密结合企业战略，构建起清晰的因果链条，反映各项流程和决策对未来核心成果的积极作用。同时，通过具体的量度标准，公司可以明确新工作流程的标准，进一步理清战略优先任务、战略成果及绩效驱动因素之间的逻辑联系，从而推动企业流程改造的深入实施。

平衡记分卡的发展突显了描述策略背后因果关系的重要性，通过评估客户、业务流程和学习与成长三个层面的指标完成，达到最终财务目标。它为企业成功奠定基础，揭示了实际能力与突破性业绩所需能力之间的差距。为了弥补这一差距，企业需要在员工技术再造、组织程序和日常工作的优化上进行投资，追求学习与成长层面的目标，包括员工满意度、保持率、培训和技能等指标。

构建一套优质的平衡记分卡，应聚焦于筛选出最具战略意义的关键绩效指标，以及能反映组织成功要素的核心元素。一份严谨的平衡记分卡设计，应形成一套紧密关联的目标和评价指标体系。该体系不仅在逻辑上保持一致性，而且各项指标之间能够相互强化，形成协同效应。

平衡记分卡的精髓在于构建因果关系链，以达成财务目标。以投资回报率为例，客户满意度和销售量的增加是关键驱动因素，而客户满意度与按时交货率息息相关。通过分析客户偏好，发现按时交货率对客户满意度至关重要，提高交货准时率能够提升客户满意度，从而改善财务绩效。这使得客户满意度和按时交货率成为平衡记分卡的客户层面指标。为了实现更高的按时交货率，业务流程质量的改善和经营周期的缩短成为关键业务流程指标。为了实现这些目标，企业需要培训员工，提高技术水平，将员工技术纳入学习与成长层面。

平衡记分卡作为战略实施的重要工具，通过因果关系将战略转化为可操作的框架体系。按照因果关系的逻辑，对企业战略目标进行科学划分，进而形成实现企业战略目标的若干个子目标，为各部门提供明确的工作方向。同时，各中级目标或评价指标可根据实际需求，进一步细化为具体可执行的绩效指标和目标，为个人工作提供明确的行动指导。

二、平衡记分卡的特点

（一）平衡记分卡的优点

1. 能够同企业战略紧密联系

平衡记分卡注重绩效管理与企业战略之间的深度融合，并构建了一套科学的指标框架体系。这套体系能够有效地将部门绩效与企业、组织整体绩效相衔接，确保各部门的工作方向与实现企业战略目标保持一致。

2. 能够将财务指标与非财务指标结合起来

平衡记分卡作为一种综合考量财务和非财务因素的业绩评价体系，反映了企业评价体系的发展趋势。传统的财务评价体系已经无法满足日益复杂的商业环境需求，因此引入平衡记分卡的非财务指标成为必然选择。通过加入客户、业务流程、学习与成长等非财务层面的指标，平衡记分卡成功地弥补了传统财务指标的不足，构建了一个全面而完整的评价指标体系，更好地反映了企业的整体绩效和发展方向。

3. 能够避免企业的短期行为

财务评价指标常常依赖过去数据，难以准确预测企业未来的发展潜力，而非财务评价指标则更能反映公司未来的财务表现。通过增加对顾客满意度的投资、培养顾客忠诚度、吸引新客户、降低交易成本等举措，公司可以提升未来的业绩。平衡计分卡以战略目标和竞争需求为基础，巧妙地将公司长期战略与短期行动相结合，为企业的可持续发展提供了有效的指导。

（二）平衡记分卡的缺点

1. 实施难度大

实施平衡计分卡，要求企业有明确的战略定位，高层管理人员具备将战略分解并传递给执行层面的能力和意愿，以及创新和优化绩效指标的能力与意愿。因此，对于管理基础较为薄弱的企业，直接引入平衡计分卡并不适宜，应首先强化内部管理，提高整体管理水平，再逐步推行平衡计分卡。

2.指标体系的建立较困难

平衡计分卡在传统业绩评价体系的基础上实现了重大突破，它成功引入非财务指标，从而克服了单一财务指标评价的局限性。然而，这一变革也带来了新的问题和挑战，如如何建立科学的非财务指标体系、如何确立相关标准以及如何对非财务指标进行准确评价。尽管财务指标的设定相对较为简单，但在其他三个关键领域获取相关数据则较为困难，需要企业进行长期的探索和经验积累。此外，不同企业在竞争环境、战略目标等方面存在显著差异，因此在运用平衡计分卡时，要求企业管理层紧密结合企业战略、核心业务及外部环境进行深入思考和谨慎决策。

3.指标数量过多

在平衡计分卡的应用中，我们需要关注财务、顾客、业务流程、学习与成长四个维度的业绩评价指标。然而，当前面临的问题是指标数量过多，各指标间的因果关系会难以确保真实性和明确性。为了解决这一问题，我们需要对指标数量进行合理控制，确保其数量在 20 至 25 个之间。例如，财务角度设置 5 个指标，客户角度同样为 5 个，业务流程为 5 至 10 个，学习与成长角度需设置 5 个指标。

此外，在平衡计分卡的实际应用中，我们必须充分考虑各指标间是否存在不完全正相关的关系。一旦出现这种情况，在评价最终结果时，必须明确以哪个指标作为评价依据。同时，我们也必须思考，如果对部分指标进行舍弃，是否会导致业绩评价的不完整性。这些问题都是我们在应用平衡计分卡时必须认真思考和解决的问题。

平衡计分卡在战略实施中，依赖于各项指标间明确、真实的因果关系，然而构建一条真实、可靠的因果关系链具有相当大的挑战性。其创始人亦曾指出："要积累足够的数据以证明平衡计分卡各指标间的显著相关关系及因果关系，可能需要相当长的时间，几个月或几年。在短期内，经理们对战略影响的评估，更多地依赖于主观的定性判断。"此外，一旦外部竞争环境发生剧烈变动，原有战略及其相应的评价指标可能失去效力，因此需要我们重新审视和修订。

4.各指标权重的分配比较困难

评价企业绩效需要综合考虑平衡计分卡的四个层面，这涉及权重的分配问题。无论是在不同层面之间还是同一层面的不同指标之间，权重的分配都至关重要。然而，由于平衡计分卡未提供权重分配的具体方法，导致权重分配过程相当主观，缺乏客观标准，可能会出现不同的评价结果。

5.部分指标的量化工作难以落实

在处理部分抽象的非财务指标的量化工作中，确实存在相当的难度。例如，在客户指标的量化过程中，客户满意程度和客户保持程度的衡量就相当复杂。同样，员工的学习与发展指标以及员工对工作的满意度的量化也存在一定的挑战性。这也导致了在企业业绩评价过程中，主观因素的影响无可避免。因此，我们需要进一步探索更客观、严谨的方法来评估这些非财务指标，以确保企业业绩评价的准确性和公正性。

6.实施成本大

平衡计分卡是实现企业战略目标的重要工具，要求我们从财务、客户、业务流程、学习与成长四个维度进行考量，并为每个维度设定具体、明确的指标。除了对战略的深入理解，实施平衡计分卡还需要投入大量的精力和时间，将战略目标分解到各个部门，并选择适当的指标进行衡量。最终，可能涉及的指标多达15至20个，对于数据考核与收集工作来说，无疑是一项不小的负担。同时，平衡计分卡的执行过程也需要充分资源配置，包括人力、物力和财力。一份典型的平衡计分卡实施周期通常需要3至6个月，后续还需花费数月时间调整结构、规范流程，确保其能够顺利运行。总体而言，平衡计分卡的开发与实施常常需要一年或更长时间的支持与投入。